JN015449

経営マネジメント
のための
基礎講座

情報経営イノベーション専門職大学 客員教授

坂本 松昭 著

同友館

はじめに

　世の中はアフターコロナの世界を見据え、大きな変化の渦中にあります。労働市場はこれまでになく流動化してきており、複業（副業）を解禁する企業も多く誕生しています。先行きが不透明な「VUCA の時代」が到来し、テクノロジーの急激な進化によって、新しいビジネスやサービスも次々に生まれてきています。

　一方の人材側にも、これまで以上に迅速に成果を生み出せるポータブルなスキルが求められるようになりました。ここで“ポータブルなスキル”といいますのは、どのような環境であっても着実に成果を生み出すことのできるスキルのことであり、特定の業種や職種、時代背景にとらわれることのない汎用的なスキルのことです。

　一昔前は、たとえば、「論理的思考力」「プレゼン力」「コミュニケーション力」「問題解決力」「交渉力」などがポータブルなスキルといわれてきました。しかし、このような細切れのスキルをいくら磨いたとしても、ビジネスの前提となる基礎力にはなりますが、このようなスキルがあるからといってすぐに成果を生み出せるビジネスパーソンになるかといえば、必ずしもそうでないことは読者も知るところではないでしょうか。

　筆者は、これらのスキルを大切にしつつも、もっと実践的ですぐに成果を生み出せる人材となるために必要なポータブルスキルを指南しようと思い、本書を執筆するにいたりました。筆者のいうポータブルスキルとは、いわゆる「経営マネジメント」スキルです。経営マネジメントを行うためには、先に掲げたような論理的思考力、プレゼン力、コミュニケーション力、問題解説力、交渉力は当然に必要であるものの、これらが別々に存在するのではなく、もっと実践的に、実務に即して統合されたスキルとして高められなければなりません。これは筆者の長年の実務に裏打ちされた経験からもいえるこ

とです。筆者はこれを「会社の経営数字に明るく、財務的なモノの見方が正確にできて、データに裏打ちされた提案を柔軟かつ迅速に行えるスキル」と定義しなおしました。

このことを念頭に、本書では以下の構成をとっています。

まず第1章では、「経営判断の基礎を身につけよう！」として、経営判断に必要な管理会計の基礎知識を解説しました。ここでは主に、経営状況を把握する方法を学び、その改善方法を習得します。

第2章では、「会社の予算計画をつくれるようになろう！」として、会社の財務数字から会社の問題点を発見し、その改善を実現できるような経営計画を立案できる方法を概観します。本章を読めば、経営計画の種類と構造を理解し、成果につなげられる具体的な経営計画を立てられるようになります。

第3章では、「会社の予算管理をできるようになろう！」として、会社の予算と予算管理についての全体像を概観します。収入に対して、どのような種類の費用がどの程度あるのかを理解し、そのうえで売上との関係を構造的に把握することができるようになります。

第4章では、「原価をおさえて業務改革を行えるようになろう！」として、会社の「原価」について詳しく学びます。原価の全体像とその求め方を習得します。会社の数字を見るうえでも経営計画を立てるうえでも、「原価」はとても大切な数字だからです。

第5章では、「会社に改善提案を行えるようになろう！」として、会社の現状をしっかりと把握し、自社の課題を明らかにして、新たな収益機会とともにその改善提案を提示できるようになることを目指します。

第6章では、「会社に投資提案をできるようになろう！」として、会社としてどの事業（製品・サービスまたは企業など）に投資すべきなのかを見極める方法を体系的に学びます。ここでのポイントは、「投資効率」です。最

小の投資資金で最大の利益を得られる提案を行える方法を学びます。

　第7章では、「投資を実行できるようになろう！」として、選定した投資先に対して具体的に投資する手順や方法を習得します。企業への投資方法にもさまざまな方法があり、また投資先企業との協業・提携の仕方もさまざまあります。それぞれのメリット・デメリットをしっかりと押さえることができるようになります。

　もちろん、専門知識を挙げればキリはありませんが、本書ではいかなる企業においても求められ、かつ比較的入社（または転職）して日の浅い社員であっても、すぐに成果を生み出せるようになる必須スキルを体系的に伝えるよう努めました。これらのスキルは、新入社員にとっても重要であるばかりでなく、これらのスキルを磨き上げることによって、そのままより上位のマネジメント職への道にもつながります。

　本書で紹介する「経営マネジメント」のスキルは、社長や会社経営者から新入社員まであらゆるビジネスパーソンにこれから必要とされる必須のポータブルスキルです。

　本書がビジネスパーソンの皆さんのますますのステップアップの一助になれば幸いです。

2022年9月

坂本　松昭

目　次

第 1 章

・・

経営判断の基礎を
身につけよう！

　　〜本章のポイント〜

　本章では、経営判断に必要な管理会計の基礎知識を
身につけます。前半では、管理会計によって経営状況
を把握する方法を学び、その改善方法を概観します。
後半では、主に設備投資を例にとって、意思決定の方
法や経済性計算の方法を学びます。どのような場合に
投資を行い、どのような場合には投資を行わないのか
について、しっかりとその考え方を身につけましょ
う。

財務会計と管理会計の違いを知る

　ポータブルなスキルにはさまざまありますが、会社の数字に強いことはどの会社に行っても必ず役に立つものです。特に、会社の経営数字を計算できたり把握できることは、必ず強みとなります。ここでは、まず手始めに、財務会計と管理会計の違いについて、しっかり把握しておきましょう。

（1）　財務会計と管理会計はどう違うのか

　会社の会計は、「財務会計」と「管理会計」に大きく分かれます。

　財務会計というのは、株主や金融機関をはじめとする社外の利害関係者に対して業績を報告するための会計のことです。一般的には、貸借対照表、損益計算書、キャッシュフロー計算書といった財務諸表を決算書類として公開します。これらの決算書類をつくるために必要な会計が財務会計ということになります。当然、第三者が客観的に評価できるように、かつ信頼できるように、いろいろなルールに基づいて作成することになります。

　これらのルールにあたるものが、金融商品取引法、会社法などの法律や、各種の会計基準です。

　一方の管理会計は、自社の経営に活用するための会計のことをいいます。極論すれば、自社の経営の役に立てばよいわけなので、フォーマットや記載のしかたなどに厳密なルールはありません。また、原則、外部に公開されることもありません。期間にも定めはないので、週次、月次、年次など利用しやすいように作成します。なかには、日次で運用するような会社も存在しています。それだけ迅速に会社の経営状態を把握して対策を打つ必要があるからでしょう。もちろん、すべての経営数字が必要でないことも多々ありますので、一部分だけを切り出してウォッチするという使い方もあります。まさにケースバイケースです。しかしながら、だからこそ、これらの数字の計算

方法やまとめ方などには工夫が必要です。通り一遍な計算をしておしまいではないということを覚えておいてください。

　一方、経営者は、管理会計の情報をひとつの拠りどころとして、自社経営を分析したり、意思決定をしたり、製品や人事に関する施策を打つための材料にします。管理会計によって算出される数字は、会社の事業計画書や経営計画などにも利用されることの多いものです。管理会計とは、マネジメントのための会計であり、経営に役立つための会計なのです。

（2）　管理会計にはどのようなものがあるか
　管理会計には、以下のような「予算管理」や「原価管理」などがあります。ここではそれぞれについて簡単に触れておきましょう。まずは概観できるようになっていれば十分です。詳細はあとで説明します。

①　予算管理とは何か
　予算管理とは、来年度あるいは中長期的な期間で、予算を管理しながら経営に生かしていくための管理会計です。会社を経営していくためには、必要な資源（人材・物資・資金など）を、どのくらい調達する必要があるのかを適確に知らなければなりません。

　また、一定期間ごとに予算を決めるのとあわせて、実績を管理していくことも大切になります。予算と実績を突合することで、予算に対する実績の達成度合いを確認することができますし、それらを随時確認していくことで、よりよいアクションプランへと修正していくこともできます。

②　原価管理とは何か
　原価管理とは、製造業を中心に導入されている管理会計です。原材料費・人件費・設備費といった原価をあらかじめ把握することで、コストを「見える化」していくことができます。

原価管理を行うためには、まずは１つの商品を作るのにどれくらいの原価が必要であるのか、その標準値を設定します。その後、上記の予算管理と同様に、実際にかかった原価と目標の差を把握しながら、適正な原価を探っていくことになります。

（3）　なぜ管理会計が必要なのか

　それでは、管理会計は、本当に会社運営に必要なものなのでしょうか。ここでは、管理会計を導入するメリットについて、具体的に見ていくことにしましょう。

①　業績の管理をしやすい

　たとえば、部門別に損益を把握する管理会計を導入すると、「どの部署（または個人）が、いつまでに、どれだけの目標を達成すれば、部門としての目標が達成されるのか」が明確となるため、業績の管理や評価をしやすくなるというメリットがあります。

　このことは、売上の管理だけにとどまらず、バックオフィスの予算の管理などにも有効です。それぞれを見える化しておけば、社内全体の進捗状況が俯瞰できるようになるため、経営計画もスムーズに立てることができるようになります。

②　公平な評価ができる

　各部署または個人の目標設定と管理にも効果的に使うことができます。部署や個人に割り当てられる目標に妥当性がなければ、モチベーションを大きく下げる結果ともなりかねません。また、せっかく努力して数字を上げたにもかかわらず、それが適切に業績に反映されなければ、これも大きな不満のもととなることでしょう。

　管理会計を用いることで、これらの評価軸を明確にすることができること

も大きなメリットの1つです。評価に管理会計の考え方や手法を用いれば、一定の指針に基づいた公平な評価をしやすくすることができます。

③　早めに適切な施策を打てる

管理会計を導入することで、部署別・事業別・商品別など、経営者が知りたい数字を明らかにすることができるようになります。それぞれについて、売上・経費・粗利などを管理することができるようになるため、経営の実態をより早期に把握することができます。

そのため、管理会計は、経営戦略の立案にも活用できるというメリットがあります。

管理会計による経営数字を確認できるからこそ、「そろそろ商品をリニューアルしよう」「この事業部をより強化するため新たな人材を投入しよう」といった施策を、適切なタイミングで検討することができるようになります。

④　コスト削減ができる

会社を経営していくうえでは、予算を達成して売上を伸ばしていくことは大変に重要なことです。そして、これと同じくらい大切なことがコスト削減です。ときには、コストを削減することは、売上を伸ばす以上に利益に貢献することもあります。

管理会計によって適切な原価管理を行うことで、原材料費や人件費などのコストを把握できるようになるため、どのコストを削減することができるのかをより正確に判断することができるようになります。

⑤　経営感覚が身につく

管理会計を導入することで、各部署の担当者に経営感覚が身につくというメリットもあります。管理会計の数字を計算したり、それらの数字を日々目の当たりにすることが多くなるために、「自分の部署は予算計画を達成でき

図表1　財務会計と管理会計の違い

	財務会計	管理会計
情報の利用者	外部利害関係者	内部経営管理者
利用の目的	過去の業績の報告	意思決定と業績の管理
報告の対象	過去	過去、現在、未来
報告書の種類	財務諸表	予算報告書、原価計算書など
報告書の要請	強制	任意
法規制	企業会計原則、商法、証取法、税法	なし
情報の性質	正確	有用性、迅速

るのか」「達成するためには何をしなければならないのか」といったことを
より一層強く意識する担当者が増えます。

　さらには、目標に対して実績が未達成であれば、その理由を踏まえて、次
の新たな目標を立てなければなりません。管理会計に触れることで、分析力
や問題解決力も鍛えることができます。

　ここまでを要約すると、管理会計とは、「経営のための会計であり、業績
管理などに有効に活用できるツール」ということになります。この"ツー
ル"という意識をしっかりと持っておくことはきわめて重要です。管理会計
とは道具なのです。だからこそ、形式にこだわる必要はまったくなく、何よ
りも会社経営に貢献するための工夫を施していくことが大切です。

　財務会計と管理会計のポイントを**図表1**にまとめます。

 ## 意思決定会計を身につける

　ここまでは、財務会計と管理会計の違いと、それぞれの使い方についてそ
の概要を見てきました。それでは、次に、もう一歩踏み込んで、管理会計を

用いた意思決定について学んでみましょう。

　意思決定には、大きく２つのものがあります。１つは短期の意思決定であり、もう１つは長期の意思決定です。

①　**短期の意思決定**
　　・日常業務における意思決定
　　・影響範囲が１年以内
　　・判断基準は「利益」
②　**長期の意思決定**
　　・投資に関する意思決定
　　・影響範囲は複数年
　　・判断基準は「投資回収できるかどうか」

　このような意思決定に管理会計を用いることを、総称して、意思決定会計と呼びます。

（１）　投資の経済性評価を使いこなす

　それでは、ここで１つ簡単な例を考えてみましょう。以下のようなケースがあった場合、あなたならどのように考えて、どのような判断を下すでしょうか。

　たとえば、堅実な営業をすれば300万円／月の売上を確実に立てることのできる営業パーソンが、これまでとは違う1,000万円の大口案件を狙っています。しかし、大口案件を獲得するためには３か月が必要であり、その期間は他案件（これまでの300万円／月の案件など）に労力を割くことはできません。

　このときの営業パーソンにかかる諸経費等は次のとおりです。
　　・営業パーソンの人件費は、50万円／月

・営業にかかる費用は、30万円／月

さて、この大口案件は狙いにいくべきでしょうか。

　このような意思決定を行う場合に、どのように考え、どのように結論を出したらいいかについて、意思決定会計はその指針を与えてくれるものです。

　以下で順を追って見ていくことにしましょう。

　次の**図表2**の□で示したコストは、両方のケースに共通して発生するコストのため、意思決定には影響しません。なぜならば、300万円の案件を取りにいく場合にも、1,000万円の案件を取りにいく場合にも、この80万円／月のコストは等しくかかるものだからです。このようなコストのことを、埋没コスト（sunk cost）といいますので、ここで覚えておきましょう。

　それでは、①の300万円の案件を狙いにいくのと、②の1,000万円の案件を狙いにいくのとでは、どちらのほうがいいのでしょうか。

　それを見るためには、①と②の差（違い）を調べます。先ほどの80万円／月（50万円／月＋30万円／月）は双方に共通のため相殺されて消えます（判断には影響しません）。

　仮に3か月後に確実に1,000万円の大口案件を獲得できるとすれば、大口案件を狙うべきとの結論にいたりそうです。なぜならば、毎月300万円の機会損失があったとしても、3か月後に1,000万円の大口案件を獲得できれば、差し引き100万円の増加を見込めるからです。

　ただし、後の章で詳しく説明しますが、ここでは金利の影響を除いています。

　もし金利の影響も加味する場合には、初月の売上300万円と、2か月後の売上300万円をそれぞれ3か月後まで運用した場合に、その金利収入が100万円を超えないことが条件になります（今どき、そのような高金利はありませんが）。

図表2　意思決定会計の例題

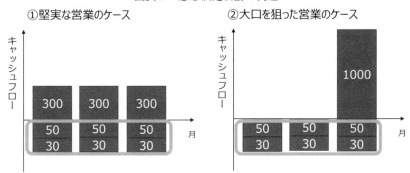

①堅実な営業のケース　②大口を狙った営業のケース

■は、すべてのケースに共通して発生するコストのため、意思決定に影響を与えません。これを埋没コスト（sunk cost）といいます。

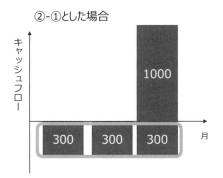

②−①とした場合

■は、①を選択していたら得られたはずの利益であり、②を選択することによって得ることのできなくなる利益を示しています。このような利益のことを逸失利益または機会コスト（opportunity cost）といいます。

　また、例題の中には明記しませんでしたが、1,000万円の大口案件が3か月後に確実に獲得できるかどうかはわかりません。もし獲得が不確実であるとするならば、獲得できる確率を考慮する必要があります。ここでは、問題を単純化するために、まずは3か月後に確実に獲得できるものとして考えました。

　なお、図中にも示しましたが、もし3か月後の1,000万円の大口案件を狙

いにいくとすれば、その期間は他の案件には労力を割くことができないため、毎月獲得できるはずの300万円／月の案件を逃すことになります。このように一方を選択したことによって、他方を選択していれば得られたはずの利益のことを機会コスト（opportunity cost）、または逸失利益（lost profit）といいますので、こちらも併せて覚えておきましょう。

（2） 設備投資の種類を知る

① 投資とは何か

　企業（その他の組織体も同様）が計画的な経済活動を営むときには、「投資」と呼ばれる活動を伴うのが普通です。この投資というのは、何らかの対象に資本を固定化し（お金を払って設備を買うようなことを指します）、後により大きな資本を回収する（たとえば、購入した設備を使って製品を製造し、かかった費用よりも高い価格で販売するようなことを指します）という活動の総称です。

　具体的には、工場や機械設備への投資、土地への投資、車両などの運搬具への投資、事務機器や情報処理システムなどへの投資、技術者や作業者や管理者などの人員への投資、商品や資料などの在庫品への投資、株式や債券などの有価証券への投資など、さまざまな投資があります。いずれも、投資（購入など）を行うことによって、より高い収益を生み出すことを目的に行われるものです。

② 設備投資とは何か

　設備投資には２つの側面があります。それは技術的な側面と経済的（または財務的）な側面です。

　まずここでは、技術的な側面からみると、土地、建物、機械装置などの設備への投資と、生産活動にかかわる人員への投資をすることで、収益を生み出すための生産態勢を整えることです。この態勢のもとで、資材や原材料な

どを購入して、作業員を雇い入れ、生産活動によって製品を製造し、販売するという一連の企業活動が生み出されることになります。

　当然のことながら、どのような設備を持つかという設備の種類や、所有する設備の規模によって、製造される製品の種類や生産量が規定されることになります。同様に、これらの設備の種類や規模によって、そこに必要な作業員の人員構成も規定されることになります。

　つまり、設備投資とは、その会社の製品の種類や生産量などの質と量を決める大切な投資であり、しかもその影響は長期におよぶことが普通です。

　そのため、設備投資は慎重に検討されるべき重要事項であり、そのための考え方を身につけることはとても大切です。

　設備投資は、企業が事業のために用いる設備に対して行う投資のことであり、生産設備の新設、生産能力の拡大、老朽設備の更新・補強、省エネ・省力化、合理化、情報化などのために行います。その対象には、建物や機械設備などの有形固定資産のほかに、ソフトウェアや商標権、特許などの無形固定資産もあります。

③　設備投資の分類

　設備投資は、その観点によっていろいろな分類の仕方ができますが、ここでは企業の投資に焦点を絞って、以下の5つに分類します。

1）創業投資

　新規に開発した製品の生産、または新規の生産プロセスを実施するための投資のことをいいます。

　もしそれが業界のパイオニア的な事業を立ち上げる場合であれば、成功したときの利益は大きいものの、その分不確定要素も大きいためにリスクの大きな投資となります。これに対して、競合他社に追随するために行う創業投資は、リスクが比較的小さいといえます。

2）取替投資

コスト削減を目的として行われる投資のことをいいます。

設備が老朽化してくるとコストも増大してしまうため、その設備の寿命を待たずに新たな設備に取り替えてしまったほうが有利な場合があります。同じように、技術進歩によって飛躍的に性能の高い生産設備が現れた場合にも、現有設備がたとえまだ新しい設備であっても、新しい設備に入れ替えてしまったほうが経済的に有利になるということもあります。このように同種の設備と入れ替える設備投資のことを取替投資といいます。

3）増産投資（拡大投資）

増産ないし拡販による利益の拡大を目的とする投資のことをいいます。

現在の設備能力では需要に応じ切れない場合などに行われます。需要の安定度を予測しながら以下を比較検討することになります。

・同種の設備の数を増やす

または、

・大規模設備を導入する

4）改良投資（近代化投資）

製品の品質を改良したり、コストの節減を図るための投資（生産方式を改善したり、省力化を図るための投資）のことをいいます。

これは品質の向上や不良率の低減、機械の故障停止の削減を行うことによって、（コストの削減にとどまらず）収益の拡大を目指すものです。

主に以下の2つがあります。

・製品改良投資

　現在の製品の改良を目的とする投資のこと

・新製品追加投資

　新製品の開発を目的とする投資のこと

5）戦略的投資（政策的投資）

短期的にはその投資効果の測定が難しく、採算評価を行いにくいが、企業

存続のために長期的な観点からは必要と判断できる投資のことをいいます。

　たとえば、従業員の福利厚生施設への投資や、公害や安全対策のための投資、消費者に対するサービス施設への投資、他企業に対する自企業の防衛のための投資、将来の開発のための研究開発投資などがこれに当たります。これらの投資は、当面の生産活動には直結しないため、投資対効果をつかみにくいのが特徴です。このような場合は、非金銭的な価値と金銭的なコストとを比較して、効果を測定したりすることもあります。ただし、この場合には、生み出される非金銭的な価値を合理的に見積もることが困難なことが普通です。

　主に以下の3つがあります。

　　　・防衛的危険減少投資
　　　・攻撃的危険減少投資
　　　・福利厚生施設投資

　さて、おおよその設備投資の内容を概観してきましたが、実務上は、必ずしも上記のいずれかの種類にはっきりと分類できない場合もあります。たとえば、増産のための投資によって同時に改良も行う投資や、取替と増産を兼ね備えた投資なども当然あり得ます。しかし、そのような場合であっても、これらの5つのカテゴリーを知っておくことで、格段に評価や検討をしやすくなります。

④　設備生産性

　設備生産性とは、会社が投下した設備投資に対する回収率のことをいいます。つまり、その設備投資によって、どれだけの付加価値を生み出せるのかをみることです。ここまで説明してきたとおり、企業にとって設備投資とは大変に重要なものです。その投資した設備によって、どれだけ効率的に付加価値を生み出せるのかを把握することはとても大切なことだからです。

ここで、設備生産性を式で表すと、下式のようになります。

$$設備生産性＝（付加価値／売上高）×（売上高／有形固定資産）$$

　設備生産性は、売上高付加価値率（付加価値／売上高）と有形固定資産回転率（売上高／有形固定資産）の積と捉えることができるため、設備生産性を上げようとすれば、売上高付加価値率を上げるか、有形固定資産回転率を上げればよいことになります。

　設備生産性を高めれば、資本の生産性が改善します。

　上式からも明らかですが、設備生産性を高めるためには、単に売上高を伸ばすだけでは不十分です。同時に付加価値の比率を高めなければならないため、やみくもに安売り販売をして売上高を伸ばしてみても設備生産性は高まりません。さらに、有形固定資産の回転率を上げる工夫が必要になります。

　たった1つの指標を眺めてみるだけでも、多くの改善点の発見と生産性を高めるための工夫へとつながることを理解してもらえるのではないでしょうか。

⑤　設備生産性を上げる手法

　設備生産性を上げるためには、付加価値を増加させるか、設備投資を削減して有形固定資産を必要最小限に抑える必要があります。

　ここで、知っておかなければならないこととして、設備生産性と労働装備率の違いがあります。

　労働装備率とは、従業員1人当たりの設備投資金額（有形固定資産）を示すものであり、企業の技術水準や設備投資の合理性を分析するための指標となります。労働装備率は、企業の機械化やオートメーション化の進み具合を表しているといえますが、労働装備率を見ても設備が有効活用されているかどうかを知ることはできません。そこで、投資した設備が効率よく使用されているかどうかを判断するために、設備生産性を分析する必要が生じます。

もう 1 つ知っておかなければならないこととして、設備生産性と有形固定資産回転率の違いがあります。

　有形固定資産回転率とは、土地、建物、設備などの有形固定資産の稼働状況を示すものであり、一定期間で固定資産をどれだけ効率よく活用して、どれだけ売上に貢献したかを表す指標です。有形固定資産回転率は以下の式で表されます。（先ほどの設備生産性の式の右辺の 2 項目と同じものです。）

　　有形固定資産回転率（回）＝売上高÷有形固定資産

　有形固定資産回転率が高ければ、有形固定資産がしっかり稼働しているということです。しかし、だからといって利益を生み出しているという判断はできません。企業が設備を活用して付加価値を生み出せているかどうかを判断するために、設備生産性を分析する必要が生じます。

　先にも触れたとおり、設備生産性（設備投資効率）は、設備（有形固定資産）を用いてどれだけ付加価値を生み出しているのかを示すものです。

　設備生産性は以下の式によって求めることができます。（先ほどの設備生産性の式の右辺の掛け算を計算すれば、「売上高」が相殺されて消えますので、下式となります。）

　　設備生産性＝付加価値÷有形固定資産

　設備生産性を向上させるには、付加価値を増加させるか、設備投資を削減して有形固定資産を必要最小限に抑える必要があります。

　設備生産性をアップするには、付加価値を生むための源泉となる有形固定資産について、以下を確認する必要があります。

　　・必要な設備が十分であるか。
　　・設備投資効率と労働装備率が適正であるか。
　　・積極的に新技術を採用しているか。
　　・技術革新に応じた設備の改善が行われているか。

・効率的な稼働率（回転率）を維持しているか。

　なお、数値では表しにくいですが、企業経営に貢献するためには、以下の視点も兼ね備えておきたいものです。上記をハードとするならば、以下はソフト面での確認項目になります。

・経営トップ自らが率先して行動しているか。
・小集団活動などを推進して最後まで任せるなど、従業員の自主性を尊重しているか。
・新規技術の研究や採用への支援を適切に行っているか。
・成功報酬、人事面での処遇など、成果に報いる制度があるか。
・自己実現の達成への支援を行っているか。

⑥　固定資産回転率についての留意点

　製造工程における省力化・省エネルギー投資により、企業はいかに製造コストを引き下げるかの努力をしてきています。

　しかし、設備資産への投資は、巨額な資金を要し、相当の時間がかかるうえに、その成果の表出にも長期間かかるのが普通です。しかも、企業の将来に重大な影響を与えるきわめて重要な決定事項といえます。だからこそ、設備投資をする以上は、それに見合った付加価値を生み出せるのかどうかということが大変に重要となるのです。

　もし投資しても、付加価値を生み出すことができないとしたら、会社は不良設備を抱え込んでしまうことになり、いずれ廃棄、償却しなければならなくなるために、大きな損失を出してしまうことになります。したがって、無計画な投資はもちろんのこと、確実性があると思われる計画であっても、繰り返し精査を行い、その精度を高めていくことが重要です。

　なお、設備投資の効率性を見る指標として、以下の固定資産回転率があります。

固定資産回転率＝売上高／固定資産

⑦　固定比率についての留意点

　設備投資を行う場合には、できる限り自己資本の範囲内とすることが望ましいといえます。回収期間の長い固定資産は、返済期限の必要がない自己資本でまかなうほうが望ましいとの考え方によります。固定資産が自己資本で購入されていれば返済の必要がなく安心だからです。この固定資産に投下された自己資本の状況を表す指標として、固定比率があります。

固定比率＝（固定資産／自己資本）×100

　固定比率が100％〜120％の間で安定していれば、問題ないといえるでしょう。

⑧　固定長期適合率についての留意点

　しかしながら、固定資産の全額を自己資本でまかなうのには無理があるため、自己資本だけではなく、返済期限の長い固定負債も含めてみる指標が以下の固定長期適合率です。

固定長期適合率＝固定資産／（自己資本＋固定負債）×100

　固定長期適合率は、通常は100％以内であれば健全な財務状態といえます。

⑨　その他の指数

　その他の生産性についても簡単に見ておくことにしましょう。

1）労働生産性

　労働生産性とは付加価値と労働力との関係を分析する場合に利用される指標です。

　労働生産性は付加価値を従業員数で割って計算するので、「従業員1人当

たり付加価値」ともいえます。

　付加価値を上げるためにさまざまな経営資源を投入しますが、結局のところはそれを活用するのは人間一人ひとりにほかなりません。

　「ヒト」が生産性分析の中心的役割を果たしているといえます。

　　　　労働生産性＝付加価値÷従業員数

　２）労働装備率

　設備生産性分析において、労働装備率を把握しておくことは大切です。労働装備率とは、従業員１人当たりにどれだけ設備投資が行われているかということを示す指標だからです。労働装備率が上がれば機械化が進んだということになります。

　しかしこの指標は単に機械化の度合いを示しているだけなので、労働装備率が上がっても、設備生産性が上がらなければ投資した設備を効率よく活用しているとは言えません。

　設備生産性と労働装備率とがともに上昇することで、機械化によってより多くの付加価値を生み出すことができたということになります。

　　　　労働装備率＝有形固定資産÷従業員数

 ❸　投資の経済性計算を身につける

（1）　設備投資の経済性計算

　設備投資の意思決定をレベルアップするためには、管理会計の重要事項である「設備投資の経済性計算」について理解しておく必要があります。

　主なポイントと流れは以下となります。

①　その設備投資によって、収益（またはキャッシュインフロー）がどれ

だけ増え、費用（またはキャッシュアウトフロー）がどれだけ減るのか。

② 減価償却費がどのように費用計上されて、どの程度、支払税額が減少するのか。

③ ①と②の結果として、正味キャッシュフローはいくらになるのか。

④ 設備投資効果が続く期間にわたり、事業年度別に③はいくらなのか。

⑤ ④の合計金額の現在価値はいくらなのか。

⑥ 予定している設備投資額と⑤を比較して投資の可否を判断する。

　もちろん、「設備投資の経済性計算」は絶対的なものさしではなく、最終的な投資可否の判断のための１つの材料に過ぎません。しかしながら、この計算方法と判断の方法を身につけておけば、その応用範囲は大変に広く、多くの経営課題に対して応用することができます。

　以下では、上記のポイントについてそれぞれ簡単に説明します。

　設備投資を検討するうえで必ず理解しておかなくてはならないことは、「投資の採算性はキャッシュフローで考える」ということです。

　これは企業全体や事業全体にも当てはまることですが、結局のところ、事業の成果とは「調達したキャッシュ」（インプット）と「獲得したキャッ

図表3　設備投資の経済性計算
投資の予想貢献年数の期間で評価

CIF：キャッシュ・インフロー
COF：キャッシュ・アウトフロー

シュ」(アウトプット)の差額がいくらだったのかという点がもっとも重要
な採算判断となるからです。

　要するに、貸借対照表の「資産」や損益計算書の「利益」も単なる帳簿上
の数字ではなく、最終的にはキャッシュとして回収されなければ意味がない
ということです。

　設備投資の経済性計算においては、以下の３つが押さえるべきポイントと
なります。

（ポイント１）

　採算評価は、投資案件ごとに行うこと。

（複数の案件があっても合算せずに、１つ１つ評価を行います。）

（ポイント２）

　投資の予想貢献年数全体を評価期間として評価をする。

（ポイント３）

　「利益」を見るのではなく、「キャッシュ」の増分に着目して評価する。

（２）　投資の経済的な効果

①　各年の経済的効果

　各年の経済的な効果は、下式で評価をすることができます。税引後の
キャッシュフローは、税引後の利益に減価償却費を加えたものとなります。
なぜならば、減価償却費は費用として計上されますが、実際のキャッシュア
ウトのない費用のため、キャッシュとしては手元に残っているものだからで
す。税引後利益は、税引前利益×（１－実効税率）で表されます。

　これを展開した式の下線部は、タックスシールドと呼ばれます。法人税法
上の損金には算入されますが、実際のキャッシュアウトは伴わないために、

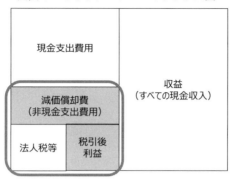

図表4　キャッシュフローのボックス図

■は、税引後キャッシュフロー

税額相当分のキャッシュアウトをセーブすることができるからです。

　　税引後キャッシュフロー
　　＝税引後利益＋減価償却費
　　＝税引前利益×（1−実効税率）＋減価償却費
　　＝税引前キャッシュフロー×（1−実効税率）＋減価償却費×実効税率

　ここで、タックスシールドについて改めて説明します。タックスシールドというのは、税金によるキャッシュアウトフローの減少効果のことをいいます。新規事業計画や設備投資など、投資の意思決定においてはとても大切な役割を果たすものです。
　イメージをつかみやすくするために、単純な例でこの効果を見てみましょう。

　まず、収益100万円、費用80万円の会社があったとします。この会社の税引前利益は20万円（100万円−80万円）です。ここから税金の支払いをしま

す。税率を30％としますと、支払い税額は6万円（20万円×30％）です。手元に残る税引後利益は14万円（20万円－6万円）となります。

　それではここで、収益は同じ100万円、費用は10万円上乗せした90万円としてみます。すると、税引前利益は10万円です。ここから支払う税金は、10万円の30％ですから3万円となり、手元に残る税引後利益は7万円となります。

　ここで大切なことは、費用が10万円増えたので税引前の利益は10万円減りましたが、支払う税金も3万円減っているということです。そのため、最終的に手元に残る損益は、費用が10万円増えたにもかかわらず、7万円しか減っていないことになります。

　この減った7万円というのは、10万円×（1－30％）＝7万円のことです。つまり、この違いを生み出しているものの正体は、費用の追加にともなって減った税金10万円×30％＝3万円です。この効果によって10万円の追加費用を払っても、最終的には7万円の追加支払いしかなかったことと同じとなります。これはキャッシュアウトフローの節約額のため、キャッシュインフローと同じように考えることができます。

　なぜこのようなことが大事になるのでしょうか。ちょっと見ただけでは大して重要なことのようには見えません。しかし、たとえば、設備投資や新規事業を行うような場合には、タックスシールドは必ず考えなければなりません。なぜならば、設備投資等による減価償却費等がキャッシュフローに影響を与えることになるからです。タックスシールドによる税額の変化がキャッシュフローに影響を与えるわけですから、設備投資や新規事業の方針を考えたり判断を行う場合には、とても大切になります。

（3）　固定資産（設備）の売却損益
　固定資産売却損益とは、土地、建物、車両運搬具などの固定資産を売却し

たときに得られる損益をいいます。売却価格が、売却時の帳簿価額を上回った場合に、その差額を固定資産売却益に計上します。逆に、売却価額によっては売却損が発生するケースがあります。これを固定資産売却損と呼びます。固定資産売却損は、固定資産を売却した時点での帳簿価額より売却価額が下回る場合に発生する差損額のことです。

帳簿価額は、固定資産を購入した時の金額（取得原価）から減価償却費の累計額を控除したもののため、決算期ごとに記録される評価額です。

　　　帳簿価額 ＞ 売却価額　　……差額を固定資産売却損として計上する
　　　帳簿価額 ＜ 売却価額　　……差額を固定資産売却益として計上する

固定資産には減価償却という概念があるため、基本的に購入した時点での取得原価と売却時の帳簿価額は変わります。そのため、固定資産を売却した際の損益の計算には、減価償却費を加味する必要があります。

一般的に、固定資産売却損は「特別損失」として計上します。なぜならば、固定資産は長期保有を前提としているため、頻繁に売却されることはないとみなされるためです。ただし、運送業のように車両などの固定資産を頻繁に買い換えるような業種の場合には、固定資産売却損を「営業外費用」で計上します。

固定資産売却損益は、減価償却後の固定資産の帳簿価額（簿価）と実際売却額との差額概念なので、キャッシュフローとは無関係となります。したがって、こちらもタックスシールドになります。

このほか、消費税は売却価額に対してかかることや、減価償却費は期中売却であっても期首の帳簿価額を計上すればよいことなど、いくつかのルールや通例があります。

固定資産を売却するという取引は、会社によってはめったにないことかもしれませんが、基礎的な考え方はしっかりと理解しておくようにしましょう。

（4） 投資の経済性評価の手段

投資の経済性評価には多くの方法があります。そのすべてを知る必要はありませんが、以下に示す特に代表的なものについては、その内容をしっかり理解し、使いこなせるようになっておくといいでしょう。

① キャッシュの時間価値を考慮しない方法

1）回収期間法

回収期間法は、初期投資額を回収できる期間の長短で評価する方法のことをいいます。

長所としては、①計算が簡単なことと、②財務安全性の判断基準として使用できることがあげられます。特に、①の理由のために、国内の実務では多く利用されています。

短所としては、収益性の判断基準になり得ないことなどがあります。

回収期間は、以下の式で評価します。

$$回収期間 = \frac{投資額}{年々の平均増分CIF}$$

図表5　回収期間法による経済性評価

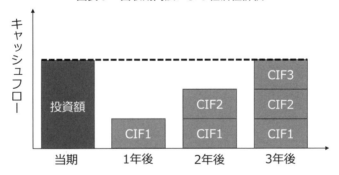

この場合の投資回収期間は、3年となる。

24

または、

　　　投資額＝年々の CIF 累計額となったときを回収期間とします。

２）投下資本利益率法（ROI 法）

　投下資本利益率法は、年平均 CIF（キャッシュインフロー）を初期投資額で割った投下資本利益率法（ROI）の大小で評価する方法です。

　長所としては、①収益性の判定尺度として使用できること、②計算が簡単なことがあげられます。短所には、キャッシュの時間価値が考慮されていないために、時間的な回収タイミングの違いが反映されないことなどがあります。

　投下資本利益率法は、以下の式で表されます。

$$投下資本利益率（ROI）＝\frac{(\sum CIF_n - 投資額)／耐用年数}{投資額}$$

② キャッシュの時間価値を考慮する方法

１）正味現在価値法（NPV 法）

　正味現在価値法は、各年の正味 CIF を資本コストで割り引いた現在価値の合計額から、投資に必要な COF の現在価値を差し引いて計算される正味

図表6　投下資本利益率法（ROI 法）による経済性評価

の現在価値の正負によって評価する方法です。

正味現在価値は、以下の式で表されます。

$$正味現在価値（NPV）= \sum \frac{CIF}{(1+r)^n} - I$$

ここで、NPV ＞ 0 であれば、投資候補になり得ると判断することができます。

なお、NPV は Excel 関数にも標準実装されていますので、簡単に計算することができます。

図表 7　正味現在価値法（NPV 法）による経済性評価

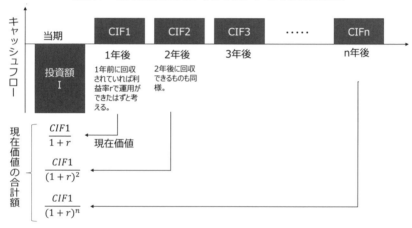

（5）　資本コスト

資本コスト（WACC※）とは、会社の資金調達に伴うコスト（費用）のことです。会社が銀行借入、社債発行、株式発行などによって資金調達する際には、銀行への利子、社債権者への利回り、株主への配当などのコストが必要になります。

このように、会社が債権者や投資家に支払うべきコストを加重平均したも

のが WACC です。WACC は、株主資本コスト（自己資本コスト）と、負債コスト（他人資本コスト）の 2 つから算出されます（**図表 8 参照**）。

※ WACC：Weightted Average Cost of Capital

① 株主資本コスト（自己資本コスト）

株主資本コストは、株式での資金調達にかかるコストをいいます。株主から見れば、出資額に対して期待するリターンであり、株主の会社に対する期待収益率といえます。株主が期待するリターンは主に配当であり、これらが自己資本コストとなります。

株式発行による資金調達の場合を例にとると、以下のように計算されます。

株主資本コスト：$r_E = r_f + \beta(r_M - r_f)$

r_M：過去の株式市場利回り（TOPIX 過去30年平均利回り等）

r_f：リスクフリーレート（10年物長期国債利回り等）

β：景気などの外部環境に寄らない個別企業特有のリスク

ここで、β は、個別株式の感応度であり、個別株式の収益率の変動率は、株式市場全体の収益率の変動率と相関があります。

$$\beta = \frac{個別株式のリスクプレミアム}{株式市場全体のリスクプレミアム} = \frac{r_E - r_f}{r_M - r_f}$$

したがって、

$$r_E = r_f + \beta(r_M - r_f)$$

② 負債コスト（他人資本コスト）

負債コストは、負債にかかるコストのことです。社債権者や銀行などの債権者からすると、出資額に対して要求するリターンであり、債権者の会社に

対する期待収益率となります。債権者が期待するリターンとは主に利回りや金利であり、これらが他人資本コストです。

③ 資本コスト（WACC）の計算方法

資本コストの代表的な計算方法が、「WACC（Weighted Average Cost of Capital）：加重平均資本コスト」です。WACCは、株主資本コストと負債コストをそれぞれの時価で加重平均して求めます。企業の投資判断に用いられるNPV（正味現在価値）を計算するときの割引率も、このWACCを使うのが一般的です。

$$WACC = \frac{D}{D+E} = r_D(1-T) + \frac{E}{D+E} r_E$$

D： 負債（時価）

E： 株主資本（時価）

T： 実効税率

r_D： 負債コスト

r_E： 株主資本コスト

④ 資金調達と資本コストの関係

企業がスムーズに資金調達をするためには、WACC（資本コスト）を意識して経営する必要があります。そこで、1つの指標になるのが、キャッシュフローがWACCを上回っているかどうかということです。

図表8　資本コスト（WACC）の内訳

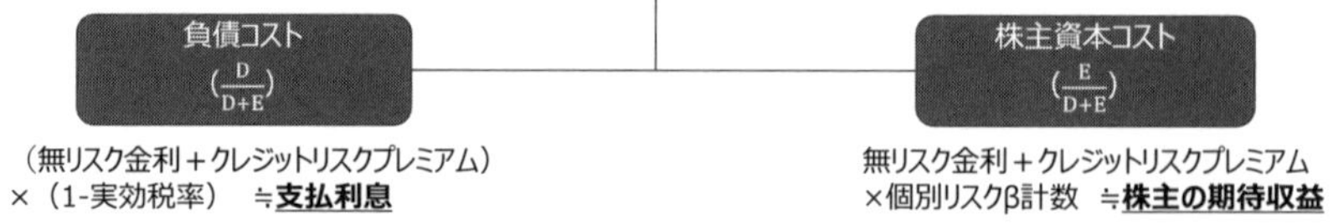

加重平均資本コスト（WACC）

負債コスト $\left(\frac{D}{D+E}\right)$

（無リスク金利＋クレジットリスクプレミアム）×（1-実効税率）≒ **支払利息**

株主資本コスト $\left(\frac{E}{D+E}\right)$

無リスク金利＋クレジットリスクプレミアム×個別リスクβ計数 ≒ **株主の期待収益**

WACC を上回るキャッシュフローを獲得できていれば、銀行や投資家、株主などから魅力的な投資先と見られるために、資金調達がしやすくなるからです。

逆に、キャッシュフローが WACC を下回っている場合には、リスクに見合ったリターンを得られない投資先であると見られるため、資金調達が難しくなってしまいます。

（6）　固定資産の減損会計

減損会計とは、企業が行った投資額が回収できなくなるという見積りをタイムリーに財務諸表に反映することを目的とした会計処理の方法のことです。

企業は新たな利益を得るために、固定資産を取得し事業の拡大を計画します。たとえば、新規事業を開始する際、そのための機械装置を設置することがあります。その際、企業は固定資産の投資額以上のもうけを将来得ることを見込んで、固定資産を購入しています。

たとえば、XYZ 株式会社が、新規事業 A に参入するために、新しい機械装置を購入したとしましょう。機械装置の取得価額を600とします（**図表9**参照）。

耐用年数は５年、残存価額は０とします（毎年120ずつ減価償却されます）。

毎年の回収見込額は170とします（５年間で850、図表９の将来の回収見込部分です）。

図表９の場合には、毎年、将来の回収見込み170－減価償却額120＝50の利益を得ることを想定しています。投資時点の計画どおりに事業を営むことができた場合には、耐用年数５年を経過した時点で250の利益を得ることになります。この場合、XYZ 株式会社は、投資額を上回る成果（利益）を得られたということになります。

図表 9　固定資産への投資

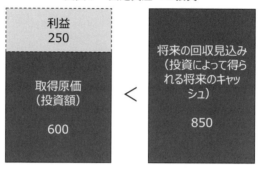

　仮に、XYZ 株式会社が A 事業に参入してから 3 年後に、強力な競合企業が現れたとしましょう。これにより、今後の回収見込みが、投資時点の当初計画より大幅に減少してしまったとします（**図表10**参照）。競合企業は大きなシェアを占めており、その影響を受けて、残り 2 年の将来の回収見込額も60まで下落したとします（ 1 年当たり30とします）。

　一方で、投資から 3 年経過後の帳簿価額は、600 − 減価償却120× 3 年 ＝ 240となっています。

　投資はいつも成功するとは限りません。強力な同業他社の出現など、さまざまな事象により利益が得られないどころか、固定資産の投資額すら回収できない、元が取れない状況になることも大いにありえます。

　図表10の場合、貸借対照表に計上されている機械装置の帳簿価額240に対して、将来の回収見込みが60と小さいため、帳簿価額と将来の回収見込みの差額180が投資の損失ということになります。

　このように投資の損失が見込まれる場合には、当該事実を財務諸表に反映する必要があります。そこで、会計上は固定資産の帳簿価額に反映させるために、「減損」という処理を行います。固定資産の帳簿価額を減らした部分は、損益計算書では「減損損失」として反映されます。

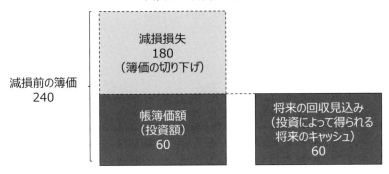

図表10　投資の失敗

一方、貸借対照表では、固定資産の帳簿価額が、減損損失分減らされた金額で計上されることになります。これにより、固定資産の帳簿価額が見積り時点で得られると見込まれる回収額に見合った金額であることを明確にすることができるのです。

第2章

・・・・・・・・・・・・・・・・・・・・・・・・・・・・・・・・・・・・・・

会社の予算計画を
つくれるようになろう！

～本章のポイント～

　会社の財務数字から会社の問題点を発見し、その改善を実現できるような経営計画を立案できるようになりましょう。あらゆる企業活動は計画を立てることから始まるといっても過言ではありません。本章では、その会社の計画の立て方と計画の種類について概観します。すべての計画に関わることはまれですが、それぞれがどのように関係し、全体としてどのような構造になっているのかの全体像を学びましょう。

予算管理のプロセスを理解する

　予算とは、あらかじめ決められた数値目標のことを指します。日常の会話の中で「予算」といえば、「車を買うための予算」のように費用面を指すために用いられることと思います。しかし、「会社の予算」といった場合には、費用面だけを指すわけではないことに注意する必要があります。たとえば、売上に対して設定する目標のことを「売上予算」、会社にとっての利益の目標のことを「利益予算」という言い方をします。

　予算を管理するプロセスは、おおむね以下の10項目を念頭に進めていくとわかりやすいことと思います。

　あくまで1つの例ではありますが、ここではまずはじめに、トップの方針を明示する必要があります。ここが曖昧なまま進めてしまうケースも見受けられますが、どのように素晴らしい成果を出したとしても、それが会社の方針に沿っていなければ意味はありません。あなたがアメリカに行きたいと思っているのに、フランスに連れていかれたとしたらどう思うでしょうか。確かにフランスも素晴らしいかもしれませんが、本当の満足感は得られないのではないでしょうか。

　次に、内部環境・外部環境を分析することで販売予測を立てます。この予測に基づいて予算編成をしていくことになります。

　全体の利益計画をもとに各部門にガイドラインを示し、各部門で予算を積み上げてもらいます。これらを集計して最終的に全体調整をしていくのが一般的です。

① 　トップ方針の提示（特に利益目標）
② 　内部／外部環境の分析に基づく販売予測
③ 　利益計画と予算編成方針の策定と部門への伝達

④ 部門における積上予算の策定（業務計画の策定が先行）

⑤ 総合予算計画の取りまとめ

⑥ 調整（予算編成会議など）による予算確定

⑦ 確定予算の部門への伝達

⑧ 予算の執行

⑨ 予算／実績差異の分析と報告（補正の要否判断、業績評価）

⑩ フォローの実施（補正予算の策定、次年度予算への反映）

 ## 予算編成に関与する機関

上述のとおり、予算編成にはいろいろな機関が関与します。

　予算を管理すべき人が予算策定の段階から密接に関わって、明確な予算をつくることが大切です。予実管理が可能なように、予算項目を細分化しておきます。

　予算策定は利益の目標を定めることから開始し、利益の予算が決まった後

図表11　予算編成に関与する機関

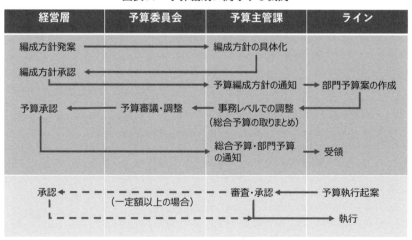

は、人件費や減価償却費などの費用予算を策定します。部門別の費用予算を各部門に共有し、部門側で売上予算を策定します。各部門から予算情報を集計し、全社予算として利益の予算金額と比較します。利益の予算に届かなければ、各部門が売上・費用の予算を調整します（**図表11**参照）。

　予算策定を進めるにあたっては、予算策定の担当者が予算の意味を意識できるように、各人に予算策定と管理の目的を伝えていくことが肝要です。

 ## 予算編成方針を作成する

　予算編成方針をつくるには、主に「経営者」と「管理者」が関わります。経営者は、会社全体の予算編成方針を策定し、管理者は自部門の予算編成を策定するからです。

　その主な内容は以下となります。

① **策定者**
　・主に、経営者は、全社経営方針達成のための予算編成方針を作成する
　・主に、管理者は、自部門の業務方針達成のための予算編成方針を作成する

② **策定内容**
　・市場分析に基づく販売戦略、マーケティングと予算の在り方
　・製造戦略、研究開発戦略と予算の在り方
　・業務改革方針に基づく一般管理費予算の在り方
　・その他予算編成に関する留意事項

販売予算の範囲

　販売予算の各範囲について以下にまとめます。どのような予算項目があり、自分がどの予算項目を担当しているのかをしっかりと意識できるようになる必要があります。

①　売上高予算としての範囲
売上高予算には、主に以下のような範囲があります。
- ・売上高予算
- ・売上返品高予算
- ・売上値引高予算
- ・純売上高予算

②　販売部門予算としての範囲
販売部門予算には、主に以下のような範囲があります。
- ・売上高予算の各項目（同上）
- ・売上原価予算
- ・売上総利益予算
- ・販売部門費予算（販売活動費、物流費の一部）
- ・販売部利益予算
- ・売掛金予算（期首／当期／期末の売掛金予算）
- ・回収予算（現金、手形、その他）

③　販売予算としての範囲
販売予算には、主に以下のような範囲があります。
- ・売上高予算の各項目（同上）

・売上原価予算

・売上総利益予算

・営業活動費予算

　　販促費、交際費、その他

・物流費予算

　　配送費、倉庫費、その他

・販売利益予算

 ⑤　販売予算の編成

　販売予算を策定するにあたり、以下の点を頭に入れておくと進めやすいでしょう。ポイントを簡潔に記しておきます。

①　売上高検討の切り口

　やみくもに売上高目標を設定するわけにはいきませんので、たとえば、製品・商品別に売上高を検討する視点や、地域別、チャネル別に検討する視点を持っておくと、部署を移動したり、会社を移った場合でも臨機応変に対応できるスキルを身につけることができます。以下のような切り口で、検討を深められるように訓練を積むといいと思います。

　1）製品・商品（または品種）別、地域別、チャネル別

　2）市場のニーズ、規模、成熟度、マーケティング計画

　3）商品のライフサイクル、新規開発計画

②　販売予算の検討手順

　販売予算の検討の手順は以下となります。2）については本書の範囲を超えてしまうため、他書を用いて理解を深めるようにしてください。

　1）売上実績分析に基づく販売見通しの作成

2）市場・競合等の分析による修正

3）割付／積上による調整と確定

③　売上高予算の割付プロセス（積上予算と調整）

策定した売上高予算は、部門別に配賦をします。さらに、各部門では、これらをもとに各担当者に配賦します。これを予算の割付作業といいます。

1）部門別の売上高予算割付

2）担当者別の売上高予算割付

3）月別販売予算の売上高予算割付

なお、「配賦」とは、複数の部門・製品を横断して発生する本社経費や共通経費、ここで述べた予算等を、各店舗や事業ごとに割り当てることをいいます。

ただし、配賦の基準にはさまざまあるため、一定の配賦基準を設けて配賦することが必要になります。たとえば、売上高を基準に配賦する場合と、人員数を基準に配賦する場合とでは、配分の結果が全く異なるものになる可能性もあります。そのため、配賦する予算が、どのような原因で発生するものであるのかなどをしっかりと検討のうえで、配賦の基準を設定する必要があります。

④　利益計画の策定

最終的に、いくらの利益を稼げるのかという利益目標をしっかりと立てます。ここで大切になるのが「原価計算」（第4章で詳述）です。いかに大きな売上高をあげたとしても、それ以上に多額の原価がかかっていれば会社に利益を残すことができなくなってしまうからです。

（ア）売上原価予算の策定

　　　　製造原価・仕入をもとに売上に対応させます

（イ）販売費予算の策定

　　　　過去の実績や標準原価の活用や活動基準原価計算を行います

なお、活動基準原価計算は、ABC（Activity-Based Costing）とも呼ばれ、どの製品やサービスのために発生したのかがわかりにくい間接費を、それぞれの製品やサービスのコストの実態になるべく合わせて正しく配賦することで、生産や販売活動などのコストを正確に把握しようとする考え方のことです。

 製造予算の編成

　それではここで、製造業における製造予算の編成プロセスを概観しておくことにしましょう。製造予算は以下に示すとおりです。

① **製造予算の編成プロセス**

１）製造高予算の策定（製品別の数量ベース予算）

　　製造高予算＝販売高予算＋（期末在庫予算−期首在庫予算）

２）製造原価予算の策定（製造高予算の金額化）

　　材料費、労務費、間接費について予算化　→　売上原価予算に反映

３）購買予算（材料）の策定

　　購買量予算＝投入量予算＋（期末在庫量予算−期首在庫量予算）

４）材料・仕掛品在庫予算の策定

② **標準原価の活用**

製造予算の編成においては、標準原価概念がベースとなります。予算編成

段階での単価は、材料費、労務費、間接費とも、標準原価を用います。

一般管理費予算の編成

一般管理費予算の編成についても概観しておきます。

ここで、一般管理費とは、企業の販売活動及び一般管理活動によって発生した費用のことをいいます。企業全般や総務等に関わる費用をイメージするとわかりやすいでしょう。

① 一定のルールで算定すべき費用

原価償却費や保険料等については、事前に総額の計算が可能です。事務消耗品費、通信費等については、売上高等の適切な基準に基づき算定すべきといえます。

② 業務や単価の妥当性を考慮して算定すべき費用

教育費や事務委託費等については、実施内容の妥当性や委託先の評価などを通じて、改善のうえで予算化すべきといえます。

③ 統制の重要性

一般管理費は、編成時に明確な算定根拠を示すことが難しいものが多いため、無駄を含んだ予算になりやすいでしょう。そのため、金額の大きなものは執行時にその妥当性を含めて判断し、小額のものは月次等で執行状況を評価し、適切に統制することが大切となります。

8 資金予算の編成

　次に、資金予算の編成について概観します。

　資金予算とは、現金収支予算と信用予算から成り立っているものです。現金収支予算は、現金資金（要求払い預金も含む）の収入・支出および残高を予定したもので、営業収支予算と財務収支予算に大別し、さらに収入と支出に細分化されます。信用予算は、債権・債務の増減と残高を対象にします。

① 現金収支予算

　前月繰越高に当月の営業収入を加え、営業支出を差し引きます。ここでマイナスになる場合は、財務収入（借入等）を計上します。借入不可能が予想される場合には、利益計画や支払条件等の見直しを行います。

② 信用予算

　売上債権、仕入債務、借入債務等の増減と残高を予算化します。現金収支との連動性が高いため、両者は一括して編成されます。

9 資本予算の編成

　次に、資本予算の編成について概観します。

　資本予算とは、新しい資産や、経営管理者がプロジェクト単位で計画し統制したいと希望している開発計画のために支出する資金の財務計画のことです。

　これは単なる設備投資計画ではなく、設備投資、開発投資、広告投資等の資本の調達運用のトータルシステムと考えてください。

　資本予算は、事業の基盤を形成する支出計画です。必ずしも合理的に採算

性を保証できないものが多いといえますが、当該プロジェクトに関する最低限の採算性の評価は必要となります。また、意思決定にあたっては、合議による調整だけでなく、稟議等の意思決定を経て採択されることが多いです。

 予算管理の効果

そもそもなぜ予算管理をする必要があるのでしょうか。そのような疑問を持つ読者もいるかもしれません。そこで、ここでは予算管理のもたらす効果について概観しておきましょう。

【経営者にとっての効果】
① 経営の基本方針の早期策定が促進できる。
② 綿密な環境分析に基づく利益目標が設定できる。
③ 想定した経営環境の変化にアンテナを張れる。
④ 権限委譲を合理的に行える。
⑤ 権限委譲の結果、戦略的意思決定に専念できる。
⑥ 経営の現状を計数的に把握できるようになる。

【管理者にとっての効果】
① 管理者の経営計画策定への参画が促進できる。
② 各階層の管理職に自部門の位置づけを明示できる。
③ 成果目標の数値化が容易になる。
④ 関連部門との計画調整が容易になる。
⑤ 現状把握に役立つ会計情報の入手が可能になる。
⑥ 意思決定に役立つ会計情報の入手が可能になる。
⑦ 関係部門の動向を把握しやすくなる。
⑧ 納得感の高い業績評価指標が得られる。

【担当者にとっての効果】
①　経営全体における自己の位置づけが明確になる。
②　担当業務の意義が理解でき、達成意欲が増す。
③　改善の必要性が理解でき、業務改革を促進できる。

認識すべき予算管理の限界

　ここまで「予算管理」についてその概要を学習してきましたが、予算管理にも限界はあります。ここでは、予算管理の限界についても概観しておきましょう。

①　予測に基づく活動であること
　「予測は外れる」ことがあることが前提であり、その後の環境変化に注意を怠ってはなりません。また、予測の精度を向上させる努力が必要なものです。

②　環境により最適な管理手続きは変化すること
　毎年同じプロセスや基準で予算策定を行ってはいけません。その時々の環境と経営方針に合わせてプロセスも改善していくべきものだといえます。

③　策定された予算は自動的には達成されない
　予算策定はスタートに過ぎず、達成のためには経営者・管理者のリーダーシップが不可欠なものです。特に予算策定者はこの意識が乏しくなる傾向があるので注意が必要でしょう。

④　予算はマネジメントを不要にするものではない
　予算はマネジメントのためのツールに過ぎません。刻々と変化する環境に

適合するために、経営者や管理者はマネジメント行動を常に工夫・改善していく必要があります。

 ## 予算制度の問題点

　ここまでは、予算策定の必要性やその効果について概観してきましたが、そもそも予算制度についての問題点についても、ここで触れておくようにしましょう。

①　予算管理の前提条件の無理
　予算編成はおおむね以下の前提にたって策定するのが普通です。しかし、現実にはこれらの前提を置くことには無理があることもあります。

- ・予算編成時の経営環境が変わらないこと
- ・その結果として、当初の戦略に大きな変更がないこと
- ・予算管理自体のコストは、その効果より小さいこと
- ・社内計画は事前に計数的な把握が可能であること
- ・予算策定者は、誠実に努力目標を計上すること

②　予算制度不要論
　一方、予算制度を持たずとも、以下を組み合わせることで、より柔軟な経営計画と統制を可能にできる可能性があるとの指摘もあります。

- ・バランス・スコアカードによる重点的な計画管理
- ・ABC によるコスト把握
- ・投資権限の委譲方式の工夫
- ・四半期単位のローリング予測

バランス・スコアカード

　バランス・スコアカードは、財務指標の偏った事業目標の設定に警鐘を鳴らし、バランスの取れた視点での事業目標設定を促進させるために誕生したフレームワークです。

　バランス・スコアカードは、「財務の視点」「顧客の視点」「業務プロセスの視点」「学習と成長の視点」の４つの視点からのトータルな施策によって、経営ビジョンを実現しようとします。

　バランス・スコアカードの４つの視点の最上位に位置するものが財務の視点です。すなわち、あらゆる企業活動は最終的には財務に紐づけられるということです。各視点の内容については、**図表13**を参照してください。

　（注）筆者は、企業のマーケティング活動においてもバランス・スコアカードの
　　　　考え方を取り入れることを推奨しており、この場合には、「顧客の視点」
　　　　を最上位においた使い方を提唱しています。詳しくは、拙著『最強のマー
　　　　ケティング OODA』（同友館）を参照ください。

図表12　バランス・スコアカード

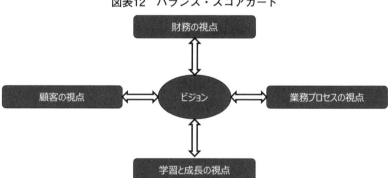

図表13　バランス・スコアカードの４つの視点

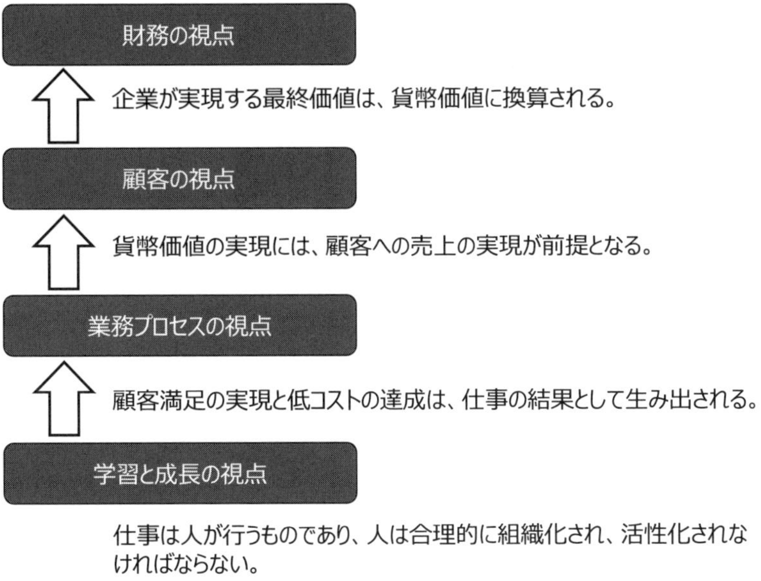

財務の視点

 企業が実現する最終価値は、貨幣価値に換算される。

顧客の視点

 貨幣価値の実現には、顧客への売上の実現が前提となる。

業務プロセスの視点

 顧客満足の実現と低コストの達成は、仕事の結果として生み出される。

学習と成長の視点

仕事は人が行うものであり、人は合理的に組織化され、活性化されなければならない。

なお、バランス・スコアカードの特徴を以下にまとめます。

【特徴１】戦略とビジョンを現場の言葉に置き換え明確にする

・戦略・ビジョンを４つの視点の関係で明確にする

（財務、顧客、業務プロセス、学習と成長の視点）

【特徴２】バランスをとる

・財務指標と非財務指標のバランス

・先行指標と遅行指標（成果指標）のバランス

・短期と長期のバランス

・社内と社外（ステークホルダー）のバランス

【特徴3】どの因果関係が戦略にとり重要な関係なのかを示す

・縦の因果関係（視点、戦略目標）を示す

・横の因果関係（目的と手段、戦略とアクション）を示す

【特徴4】指標化し、戦略を日々の業務に落とし込む

・用語や指標を共通化して、指標化による戦略具体化を図る

・戦略実行のモニタリングを行う

・戦略実行結果の評価を行う

・戦略（仮説）の検証を行う

【特徴5】コミュニケーションのツールとして活用する

・戦略をブレークダウンして、状況をフィードバックする

・計画段階、実行段階、評価段階で上司と部下とのコミュニケーション

・部門間や外部（協力企業など）とのコミュニケーション

図表14　バランス・スコアカードによる予算管理のイメージ

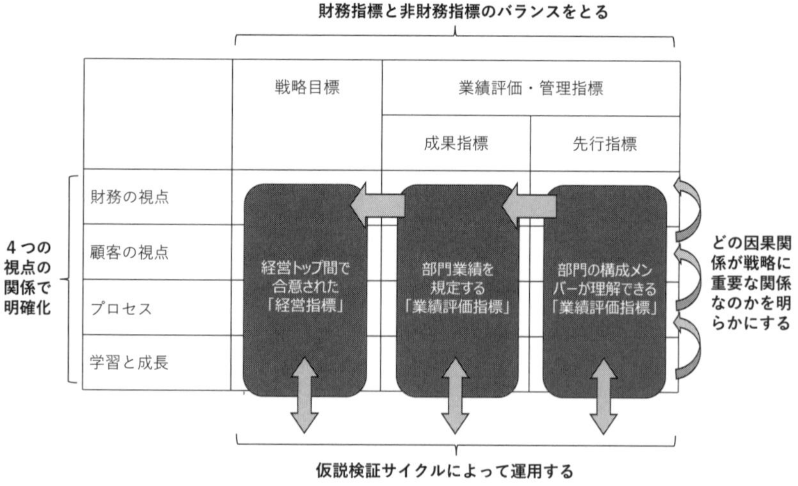

第 3 章

. . . .

会社の予算管理を
できるようになろう！

～本章のポイント～

　会社の予算と予算管理についての全体像を学びます。特に、予算管理で大切となるのが費用の把握です。収入に対して、どのような種類の費用がどの程度あるのかを理解し、そのうえで売上との関係を構造的に把握するようにしましょう。なお、予算管理の中で重要な役割を果たす「原価」については、後の第 4 章で詳述します。

予算管理の全体像

（1） 予算と予算管理

　予算とは、企業が将来の経営ビジョンに基づいて設定した目標を、具体的な数字として表したものをいいます。予算は、その対象に応じて、売上予算、費用予算、投資予算などに分類できます。また、予算の設定には以下の２つの方法があります。

　１つは、経営陣が各部門の予算を決める「トップダウン型」です。この場合には必ずしも現場の意見が反映されるわけではないため、現場に対する動機づけが難しいという面もあります。もう１つは、各現場が主体的に予算を定めて、これらを集計することで全社の予算を設定する「ボトムアップ型」です。ただし、各現場の予算を足し合わせただけでは、会社全体として目指す予算（目標値）には到達しなかったり、全体の整合が取りにくいなどの面もあります。最終的にはトップダウン型での調整が必要となる場合も少なくありません。

　そのため、それぞれの特徴を補うように、経営と現場とが予算原案をもとに議論を積み重ねるための予算委員会などを設置して、組織全体としての納得感のある予算づくりを共同で進めていく工夫が必要となります。

　また、予算管理とは、期初の計画と期末の実績を把握・分析する活動のことをいいます。企業は予算を確実に達成するためにも、実際の活動と当初予算とを比較して進捗や結果を分析する必要があります。この分析結果を踏まえて現場にフィードバックを行います。

　予算管理には以下の特徴があります。

　①　計数的な経営管理手段である

　②　全社的観点からの経営管理手段である

　③　現場の意見を引き出しながら経営によって推進されるものである

④ 科学的な予算編成からスタートする

⑤ 実施において各部門の活動を調整する

⑥ 最終的には活動の統制を行う

（2） 予算の分類

　一般的には、予算は損益予算／資本予算／資金予算に区分され、これらを合わせたものを「総合予算」といいます。それぞれの予算区分は、会社の機能ごとの予算に細分化されて編成されていきます。そして、細部から積み上がった総合予算から、財務諸表の見積もりとして損益計算書予算／貸借対照表予算／キャッシュフロー計算書予算といった予算財務諸表が作成されることになります。このような予算の体系と種類は**図表15**のようになります。

　代表的な予算を以下に示します。

① 売上予算

　企業の利益を出すためには収入が必要なため、企業にとっての収入の源が「売上」になります。期初に決定する売上予算は、その期における売上目標と同じ意味です。

図表15　総合予算の体系例

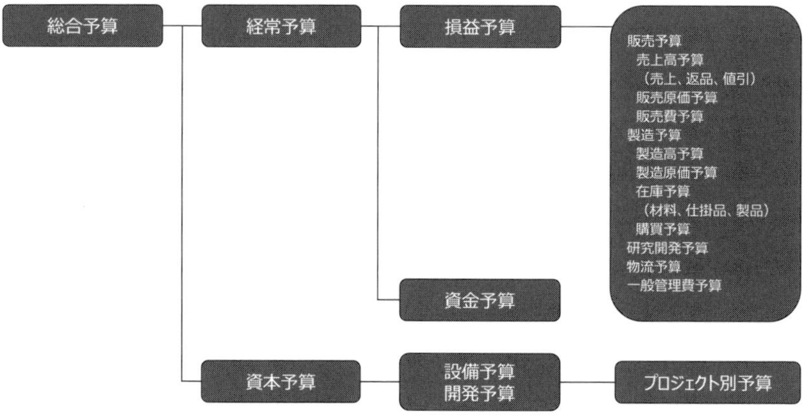

```
総合予算 ─── 経常予算 ─── 損益予算 ───┐  販売予算
                                          売上高予算
                                           （売上、返品、値引）
                                          販売原価予算
                                          販売費予算
                                          製造予算
                                          製造高予算
                                          製造原価予算
                                          在庫予算
                                           （材料、仕掛品、製品）
                                          購買予算
                         資金予算 ───┘  研究開発予算
                                          物流予算
                                          一般管理費予算

         資本予算 ─── 設備予算    ─── プロジェクト別予算
                         開発予算
```

予算管理では計画した売上目標を達成できるように進捗管理を行い、さらに、この売上予算は市場動向や政治動向によっても影響を受けるため、市場動向等に対して柔軟に対応することが求められます。

②　原価予算

　製品やサービスに必要となる原材料などの必要な費用である原価を計画して管理するものです。製造業であれば、売上目標を達成する分だけの商品を製造する必要があります。

　製品を作るためには原価が必要であり、原価予算は生産計画などと連動して作成します。原価は主に原材料の価格ですが、売上予算と同様に市場動向の影響を受けるので注意が必要です。

③　経費予算

　企業活動を行い、売上をつくるためには原価以外にも経費が必要になります。この経費には、人件費や交通費など従業員にかかる経費や、事務所の賃貸料や光熱費など企業を運営するために必要な経費も含まれます。

　また、売上予算を達成するためには人員を補充する必要もあるため、経費予算は売上計画を参考に考えることが必要です。

④　利益予算

　企業の活動の中で最も大切なことは、「利益」を出すことです。利益を出すためには売上を大きくする必要がありますが、売上予算を達成していなくても利益目標を達成できることもあります。そのため、次年度の計画や投資を行う予定などから、売上予算だけではなく、利益の予算を決めることも必要です。

（3） 予算管理の原則

　予算管理を確実に行うためには、以下の原則を頭に入れておかなければなりません。必ずしもすべてを実現できなくても構いませんが、常にこれらの原則を頭に置いて管理することが望ましいといえます。

① 管理者関与の原則

　　達成責任者の積極的な関与と承認が必要である。

② 組織採用の原則

　　健全な権限委譲のできる組織であることが必要である。

③ 責任会計の原則

　　組織と整合した管理会計システムが必要である。

④ 完全伝達の原則

　　必要な情報がすべて開示され伝達されることが必要である。

⑤ 現実的期待の原則

　　荒唐無稽な予算ではなく、達成可能な予算であることが必要である。

⑥ 時間的視点の原則

　　短期、中期、長期といった区分けによって、各時間軸に沿った予算作成が必要である。

⑦ 弾力的適用の原則

　　現実にそぐわない予算は適宜修正できることが必要である。

⑧ 人間行動の原則

　　予算達成には、達成に向けたリーダーシップが必要である。

⑨ 事後管理の原則

　　結果を改善と業績評価に適切につなげていくことが必要である。

以上の9つをぜひ念頭に、予算管理に臨むようにしてください。

（4） 予算管理に伴う困難

以下のようなケースでは、予算管理が困難となることが予想されます。よくあるケースですので、予算作成の際にも念頭に置いておいたほうがいいでしょう。

① 業務計画が曖昧なままである。

② 具体的な実施計画が練られていない。

③ 具体的な成果目標が定まっていない。

④ 管理者が上位方針を理解していない。

⑤ 管理者に上位方針が伝達されていない。

⑥ 管理者が自己の役割を再認識できていない（前例踏襲型など）。

⑦ そもそも経営方針が不明確である。

なお、これらのことは、さまざまな目標管理の失敗にも共通しますので、こちらも頭に入れておくようにしてください。読んだだけでは「当たり前のこと」と思うかもしれませんが、意識して実務を行うのと、意識しないで行うのとでは大きな差が生まれます。

2 予算管理の基礎としての原価と原価計算

これから本書では、たびたび原価計算の重要性とその計算方法について詳述していきます。その理由は、外形上は素晴らしく見える計画であっても、数字に裏打ちされていないものが多くあるからです。こういった裏づけのない計画は往々にして失敗に終わってしまいます。だからこそ、しっかりと実態としての数字を押さえておくことは、計画を策定するうえでは必須のスキルとなります。

筆者の経験では、感覚論や定性論に終始する人は、具体的な数字の話になった途端に右往左往してしまいます。逆に、前提となる数字をしっかりと

確認・把握し、分析したうえで議論に臨んでいる人はこのようなことで揺らぐことはありません。

　なかでも特に重要な数字が、いわゆる「原価」です。読者の皆さんは、この「原価」を確実に押さえられるようになってください。

（1）　販売価格はどのように決まるのか

　販売価格はどのように決まるのでしょうか。「原価」がわからなければ、当然、モノの値段を決めることなどできません。

　図表16に、販売価格の決め方のイメージを示しました。販売価格とは、いわゆる「広義の原価」に「利益」を加えたものになります（※広義の原価については後述）。

　もしも原価を知らずに販売価格を決めてしまう場合には、その販売によって一体いくらの利益が出るのかがわからないことになってしまいます。極端な場合には、売れば売るほど赤字になってしまうというケースもあるかもしれません。

図表16　販売価格の決め方

利益	
かかった費用 （広義の原価）	販売価格

原価を知らなければ、販売価格も決められない。

（2）　原価とは何か

　それでは原価とは一体何でしょうか。以下では、詳しくこの「原価」について見ていくことにします。原価にも「狭義の原価」と「広義の原価」がありますので、ここでしっかりと内容を押さえておいてください。

①　狭義の原価

　通常、「原価」という場合には、製造原価のことを指します。製造原価というのは、製品を製造するためにかかった費用のことです。少し荒っぽくいえば工場で製品を製造するために使ったお金のことです。

　なぜ「狭義の原価」を知る必要があるかといえば、それはあらかじめ設定した「標準原価」と比較することができるからです。これが狭義の原価管理といわれています。

　この「標準原価」とは、「理論的にはこれくらいの原価であろう」という原価です。もう少し詳しくいえば、「標準の操業度において、標準の作業方法に対して、標準の能率（生産性）と標準の原価率（要素価格）を適用して算出される原価」となります。

　これは材料費や部品費、加工費などの原価の積上げから算出されるものですので、「この値段で売りたいから、これくらいの原価にしたい」という「目標原価」とは違います。

　この積上げの標準原価は、原価計算の過程で把握された過去の実績データなどをもとに、生産計画段階で設定します。

　狭義の原価管理とは、この標準原価と実際にかかった原価との間に差異があるかを把握して、差異がある場合にはそれを分析し、是正していく活動のことをいいます。

　この差異の把握は、まずは直接材料費や直接部品費、外注費に焦点を絞ってやっていくといいでしょう。ここでのポイントは、原因の種類によって差異を2つに分けて考えるということになります。

まず、1つは数量差異で、（実際消費量 − 標準消費量）×標準価格で求めます。数量差異の発生原因としては、①不良（規格外）材料の使用、②作業方法の変更や能率低下、③そもそもの消費量設定が不適切だった、などが考えられます。

　もう1つは価格差異で、（実際価格 − 標準価格）×実際消費量で求めます。価格差異の発生原因としては、①材料等の市場価格の変動、②仕入部門の不手際、③そもそもの価格設定が不適切だった、などが考えられます。

　標準原価と実際原価が乖離している場合には、仕入担当者を中心に、上述のような差異の発生原因を分析し報告することで、工場長などの製造責任者、仕入責任者および経営陣を含めて作業方法を是正する、および仕入先との交渉をする、もしくは標準原価の見直しをする等の方向性を議論していくことが必要になります。

　「狭義の原価管理」によって、管理・統制することでロスを少なくできたり、従業員のコスト意識を高めたり、その結果としてコスト削減へとつなげていくことができます。しかしながら、実情としては、製品のコスト競争力を格段に向上させることはなかなか難しいといえます。

② 　販売費及び一般管理費

　製品を製造するためには、工場でかかる費用以外にも、本社や営業所でかかる費用などがあり、これらのことを「販売費及び一般管理費」といいます。

　工場以外でかかる費用といっても範囲が広すぎてなかなかイメージしにくいと思います。

　「販売費及び一般管理費」となる具体的な経理項目を以下に示します。

図表17　販売費及び一般管理費となる具体的な経理項目

名称	内容
給料	社員などに対する給料
賞与	ボーナス
法定福利費	健康保険料や厚生年金などの会社負担分
福利厚生費	社員旅行・社員の冠婚葬祭の慶弔費
広告宣伝費	会社や商品の広告代など
接待交際費	取引先との接待費用
旅費交通費	出張時の交通費など
支払手数料	銀行利用時の振り込み手数料など
賃借料	オフィスの賃借料など
通信費	ネット通信費・切手代・ファックス代など
水道光熱費	水道代・電気代など
保険料	火災保険料・損害保険料など
減価償却費	資産の価値減少分
租税公課	固定資産税や自動車税など
消耗品費	コピー用紙・ボールペンの事務用品費など

　このように一覧で書くと、おおよそのイメージはつかんでもらえたのではないかと思います。

　「販売費及び一般管理費」のうちで、一番大きな比重を占めるものの1つが「人件費」です。要するに「社員の給料」です。ただし、一般的には、損益計算書などでこれらの明細を対外的に公表することはありません。上記のような費用を全部足し合わせて「販売費及び一般管理費」として公表することがほとんどです。

③　原価にならない費用
　製造原価や総原価に参入しないものを「非原価項目」といいます。
　たとえば、支払利息や割引料、火災・風水害などの天変地異に基づく損失、配当金の支払いや役員賞与金などのような利益からの分配などです。一般的に、経営の目的に関連しない費用は原価には含みません。

（3）　製造業の原価と流通業の原価

①　流通業の原価

　流通業の原価は、仕入値と仕入に付随する費用となります。

　そのため、流通業の原価の把握は比較的簡単に行うことができます。これらは原価の仕入価格とほぼ等しくなります。あとは、いくらで仕入れたものが、どれだけ売れたのかを把握することができれば、原価を算定することができます。

②　製造業の原価

　製造業の原価は、製造にかかった費用となります。

　そのため、製造業の原価の把握はそれほど簡単ではありません。売上原価にさまざまな要素が含まれるため、どの費用をどの製品の原価に算入するのかという難しい問題をクリアにしなければならないからです。このための方法論が「原価計算」という手法になります。

　まずは、最初の入口として、製造業と流通業では原価の構造が全然違うということを頭に入れておきましょう。

　製造業の売上原価は、工場で生産・完成した製品のうち売上として計上された分の費用に相当します。この売上げた分というのが、今期に作った製品なのか、前期に作った製品なのかを勘案しなければなりません。また、「作りかけ」という製品もあるはずですが、これらも考慮しなければなりません。

　売上原価は、当期製造原価に期首、期末の製品棚卸高を加減したものになります。そして、当期製造原価は、製造費用に期首、期末の仕掛品棚卸高を加減したものになります。ここで、製造費用とは、工場で完成した製品に要した総費用のことです。

　このように、流通業では理解しづらいことですが、労務費や賃借料、水道

光熱費などが製造業では製造費用に含まれます。流通業では「販売費及び一般管理費」にあたる費用が、製造業では売上原価に含まれることになります。

少し混乱してしまうと思いますので、もう少し具体的にみてみましょう。流通業では、800円で仕入れたものを1,000円で販売すれば、粗利益が200円、原価は800円と考えます。この中に、労務費などは含みません。

しかし、製造業では労務費も家賃も付加価値をつけるための材料の1つと考えます。そのため、原価に含まれることになるのです。

それゆえに、流通業の担当者と製造業の担当者が原価について話す場合には、これらのことをしっかりと理解しておかないと、間違いのもととなってしまいます。

要するに、製造業では、材料費＝原価とはならないのです（材料費≠原価です）。

（4）　販売価格の構成要素

ここで、販売価格の構成要素を**図表18**に示します。まずは、直接費と間接費を合わせた「狭義の原価」があります。これらが「製造原価」です。こ

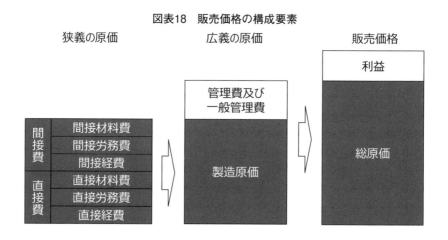

図表18　販売価格の構成要素

こに「管理費及び一般管理費」を加えたものが、「総原価」となります。販売価格とは、この総原価に「利益」を加えたものとなります。

　最初は馴染みにくいと思いますので、この図表18を眺めて、原価の構造と販売価格との関係をイメージできるようにしてください。

（5）　材料費の詳細
①　主要材料費
　主要材料費とは、木の本棚を製作する場合の木材のように、製品の主要な材料となるものにかかった費用のことをいいます。要するに、製品の主要部分を構成する材料の購入費用のことをいいます。

②　買入部品費
　買入部品費とは、自動車におけるタイヤのように、外部から購入し、そのままの形で取り付ける部品にかかった費用のことをいいます。要するに、加工されて完成した姿で購入され、組立工程を経て製品の主要部分を構成する部品の購入費用のことをいいます。

③　燃料費
　燃料費とは、主に燃料にかかる費用のことをいいます。 この燃料には、ガソリンのほかにも、軽油、重油、オイル、灯油などを含みます。 ガソリンというと車両に限定されますが、重油や灯油などは車両以外で使われる燃料であり、暖房や給湯のボイラー運転などにも使われます。

　要するに、燃料費とは、製造工程でエネルギーとして消費されるガソリン燃料にかかる費用のことをいいます。なお、電気代等は経費となるので注意が必要です。

④　工場消耗品費

　工場消耗品費とは、生産活動を行うために必要な消耗品にかかる費用のことです。間接材料費の1つとされることもあります。工場消耗品費の例としては、機械設備の維持に必要な潤滑油や機械油、軍手やネジといった消耗品などがあります。

　原則として、消耗品費は期末に未使用分をカウントし、貯蔵品に計上することが求められますが、重要性に乏しい場合には、購入分をそのまま費用処理することも認められます。

　要するに、工場消耗品費とは、工作機械の潤滑油のように、製造工程で補助的に使用される費用のことをいい、作業着などもここに入ります。

⑤　消耗工具・器具・備品費

　道具箱、作業用机、台車などの製造関係のものや、書棚、事務用机、キャビネットなどの販売管理関係のものなどで、耐用年数1年未満または耐用年数1年以上で10万円未満のものの購入費用をいいます。

　要するに、消耗工具・器具・備品費とは、価格が10万円未満の工具類をいいます。なお、それ以上（10万円以上）のものは、資産として計上されます。

（6）　材料費の低減
①　原材料費の低減

　原材料とは、金属であれば鋼板、管材、線材等の形で入荷する材料のことで、原価低減するための対象としては、第一歩となるものです。原価低減の観点は、仕入ルートの選択、国際商品市況の判断、代替材料の採用、規格品の採用などが代表的なものとなります。

② 粗形材費の低減

粗形材とは、主として仕上加工前の鋳造品や鍛造品のことをいいます。金型・木型などの製作費と製品単価・生産見込量を勘案することで、型設計の工夫を行うなどの低減施策が考えられます。

③ 買入部品費の低減

アセンブリメーカーの材料は、その多くが買入部品となります。部品メーカーの多くが大手企業であるため、原価低減の策としては、発注方式や価格交渉などのオーソドックスな手段が中心となります。

ただし、生産開始後の部品変更は困難なことが多いため、開発設計段階で十分な低減努力をしておくことが必要となります。また、部品から製品情報が漏れる恐れもあるため、秘密保持の努力もあわせて行う必要があるので、注意が必要です。

（7）　労務費の詳細

労務費については、読者もある程度の土地勘があるものと思われますが、以下で改めてその内容を整理しておきましょう。

① 賃金

賃金とは、（製造業を例にとれば）製造工程に関与する工員に支払われる給料のことをいいます。

② 給料

給料とは、事務員や技術者に支払われる給料（本社や営業所の人件費は含みません）のことをいいます。

③ 雑給

雑給とは、パートやアルバイト労働者に支払われる給料のことをいいます。

④ 従業員賞与・手当

従業員賞与・手当とは、ボーナスや各種の手当のことをいいます。

⑤ 退職給付費用

退職給付費用とは、退職金の支払いに備えて毎期積み立てを行うための費用のことをいいます。

⑥ 福利費

福利費とは、社会保険料の会社負担分のことをいいます。

（8） 労務費の低減

① 工程改善

使用する設備、生産ロット・運搬用のパレットの大きさ、および作業場所・材料置場の配置などを合理化することで、作業時間の無駄を排除することができます。

② 作業改善

5S [注]、工具の設定作業の簡略化などによる準備作業の改善、作業待ち材料の移動、セット作業の簡略化などによる不随作業の改善、および工具の改善や作業手順の改善などによって主作業の改善を行うことができます。

[注] 5Sとは、「整理」「整頓」「清掃」「清潔」「しつけ」の頭文字のSをとったものです。整理は、不要なものを捨てること。整頓は、使いやすく並べて表示をすること。清掃は、きれいに掃除をしながら、あわせて点検すること。清潔は、き

れいな状態を維持すること。しつけは、きれいに使うように習慣づけること。

③　標準時間の設定とモニタリング

作業別の標準時間を設定し、実際の作業時間との乖離を継続的にモニタリングすることで、作業ごとのバラツキをなくし、同時に、業務改善の基礎情報とすることができます。また、信頼できる標準時間を設定することができれば、製品の製造原価の見積もりの精度を高めることもできます。

（9）　経費の詳細
①　支払経費

実際に発注した額を把握し、その額を経費として計上するものを支払経費といいます。代表的なものとしては、外注加工費などがあります。

②　月割経費

減価償却費のように、年額を計算してからそれを月々に割り振るような経費のことを月割経費といいます。

③　測定経費

電気代、ガス代のように、設置されたメーター類を計測することで、使用量を計算することができる経費のことを測定経費といいます。

④　発注経費

棚卸減耗損のように、計算の結果として発生したことを認識できるような経費のことを発注経費といいます。

（10）　原価計算の目的

原価計算を行うことの主な目的には、以下のものがあります。

①　決算書を作成するため

原価計算の第一目的は、外部に公表する決算書の売上原価を正しく表示することにあります（製造原価明細書としても公表されます）。

②　販売価格の決定のため

利益を確保できる販売価格を決めるためには、その前提情報として原価情報を知ることが必要です。

③　原価管理のため

原価低減の活動は大変に重要な経営活動であり、そのためには原価の構造と金額の推移を知る必要があります。

④　予算管理のため

予算管理のためには、原価予算が重要な役割を持ちます。事業計画や経営の方針を決定するなどの予算管理のためには、未来の原価がわからないままでは今後のリスクや業界の動向を見定めることが難しいからです。

⑤　その他の意思決定のため

市場開拓、設備投資、開発計画などのためにも、原価計算は重要となります。

(11)　原価計算の手順

それでは、原価はどのように計算したらいいのでしょうか。

①　費目別計算

発生した費用を、その費目別に集計することで、原価の全体構成を把握する計算を行います。

② **部門別計算**

部門別に原価を集計することで、製造部門ごとの原価を把握するとともに、間接部門に集計された原価を製造部門に適切に配分する計算を行います。

③ **製品別計算**

原価計算のゴールとして、各製品について、1単位当たりの原価を計算します。

原価計算の流れのイメージを示したのが、**図表19**です。

なお、**図表20**には費目別計算のイメージを、**図表21**には部門別計算のイメージを示してあります。

図表19　原価計算の流れのイメージ

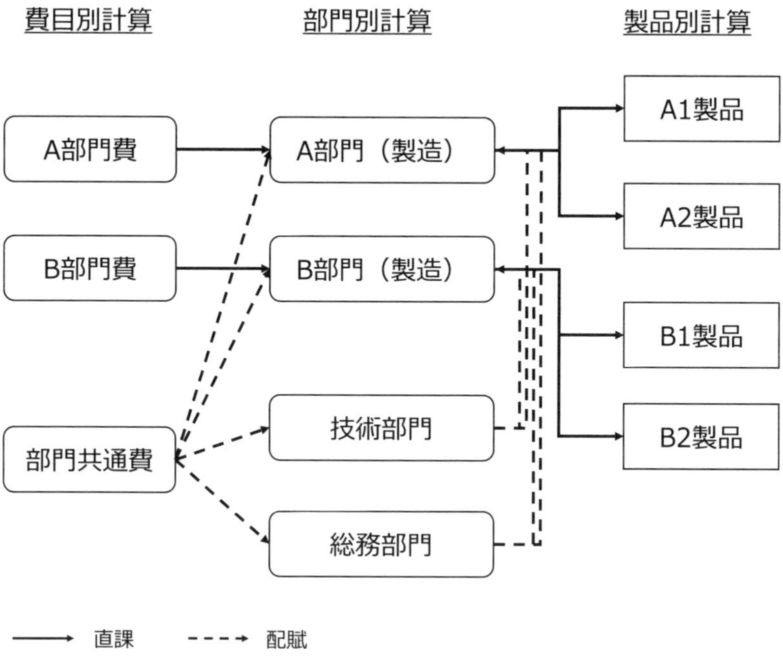

図表20　費目別計算のイメージ

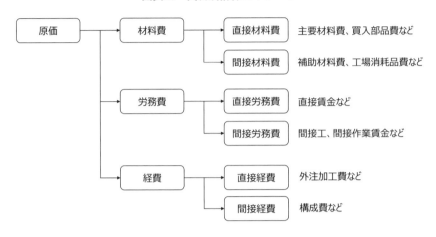

図表21　部門別計算のイメージ

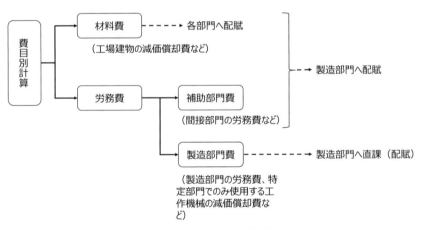

※ただし、ここでいう「部門」とは、必ずしも組織上の部門と一致するわけではない。

（12）　配賦基準の考え方

それでは、配賦基準の考え方について整理しておきましょう。

①　配賦基準の必要性

部門の構成員の人件費のような部門個別費とは異なり、光熱費などの部門共通の費用については、どの部門で、いくら発生したのかを直接知ることはできません。そのため、合理的な基準を設定することで、しかるべき部門にしかるべき金額を原価として割り当てる必要が生じます。この割り当てのために必要な基準のことを、配賦基準といいます。

②　配賦基準の例

- 建物減価償却費、賃借料などは、専有面積の比率を配賦基準とすることが多くあります。
- 教育費、福利費などは、人員数の比率を配賦基準とすることが多くあります。
- 電気代、ガス代などは、見積もり消費量を配賦基準とすることが多くあります。

（13）　補助部門費の配賦方式

補助部門から製造部門への配賦は簡単にはいきません。ここでは具体的にその考え方を整理しておきましょう。

製造部門として「切削部門」と「組立部門」が、補助部門として「動力部門」と「修繕部門」がある場合を想定します。動力部門も修繕部門も、切削部門と組立部門を補助しているため、この部分の配賦は問題なく行えます。

しかし、動力部門は修繕部門にある機械の動力を提供し、機械が故障した場合には修繕部門が修理を行います。つまり、この補助部門同士がお互いに補助し合っていることになります。もしお互いに配賦し合い続けてしまう

と、いつまでたっても補助部門の配賦が終わりません。そこで、以下のような配賦の方法をとることになります。

① 直接配賦法

補助部門間のサービス授受は考えずに、補助部門費を製造部門のみに配賦する方法です。

② 相互配賦法

補助部門間でのサービス授受を考慮して、各補助部門の費用を製造部門だけではなく、補助部門にもいったん配賦して、最終的に製造部門に配賦する方法です。

③ 階梯式配賦法

サービス提供度合いの大きな補助部門から、補助部門費の配賦計算を行っていく方法です。

（14） 製品別計算

① 個別原価計算

製造指図書に基づいて製品ごとに直接費を集計し、間接費は部門別計算を経て集計します。

- ・個別生産を行う製品（造船、ビルなど）
- ・ロット生産を行う製品

② 総合原価計算

原価計算期間（通常は1か月）に発生した原価を集計し、それを生産個数で割って単位原価を計算します。

- ・期間生産を行う製品

・等級別に生産を行う製品

・連続生産を行う製品（ガソリン、プロパンガスなど）

（15）　製品別計算における配賦基準

①　価額法

製造間接費の配賦を、その製品の直接材料費や直接労務費等を基準に配賦する方法です。

②　時間法

その製品の製造に要する直接労働時間、機械の運転時間等を基準に配賦する方法です。

③　数量法

その製品の生産数量、重さ、容積等を基準に配賦する方法です。

（注）方式の選択にあたっては、製品の性質、生産方法、設備の特性等を総合的に考慮して決定します。

（16）　個別原価計算と総合原価計算

①　個別原価計算

1 ）製造指図書ごとに直接費を集計します。

2 ）間接費は部門別計算を経て、配賦基準により各製造指図書に配賦します。

3 ）製造指図書ごとの原価を求めます。

②　総合原価計算

1 ）単純総合原価計算

1つの工程で、1種類の製品を製造する場合の原価計算です。

2）等級別総合原価計算

1つの工程で、同じ原材料等から等級の異なる複数の製品を製造する場合の原価計算です。

3）組別総合原価計算

1つの工程で、異なる原材料等から等級の異なる複数の製品を製造する場合の原価計算です。

4）工程別総合原価計算

複数工程で、1種類の製品を製造する場合の原価計算です。

 ## 予算管理の基礎としての利益計画と利益管理

（1） 利益管理と予算管理

① 利益管理

利益管理とは、対象期間における目標利益の達成のための収益と費用に関わる利益計画の策定（予算計画）と、その実現に向けた予実把握と例外対応を含む統制活動（予算統制）からなる単年度の経営管理活動です。単年度の利益管理（短期利益管理）を方向づけるものとして、中長期の利益管理もあります。

② 予算管理

予算管理は、管理会計の中では、統合的な視点で利益管理を実現するためのツールと位置づけられます。

（2） 利益管理と直接原価計算・損益分岐点

① 直接原価計算

原価を固定費と変動費に分け、固定費をまかなうための限界利益に着目

し、損益分岐点を達成する売上高の計算ができるように工夫された原価計算の手法の１つです。

②　直接原価計算とCVP分析

CVP分析とは、C（コスト）、V（ボリューム／営業量）、P（プロフィット／利益）の３つの観点から損益分岐点を計算し、利益を上げられる売上高の分析や利益改善の着眼点を発見するための手法です。

③　損益分岐点

売上高から変動費を差し引いた限界利益が、ちょうど固定費をまかなえるだけの売上高で、この時点では利益も損失も出ない状態となります。

（3）　固定費と変動費

①　固定費と変動費の定義

変動費とは、売上高の増減に比例して増減する費用を指し、固定費とは、売上高が増減しても変動しない費用のことを指します。なお、長期的にはすべての費用は変動費となります[注]。

（注）一般に固定費と認識されているものには、労務費（人件費）、製造経費、固定資産費の減価償却、固定資産税、賃借料・リース料、保険料、間接部門の給与などがあります。しかし、生産装置の減価償却費を計算する際に加工時間を基準とするならば変動費であり、定額法や定率法などのように時間基準で行うと固定費になるというように、会計方針によって変わってくるものもあります。

　固定費は定額で発生するものをいいますが、長期的には、給与も家賃なども、いずれは改訂されるでしょう。つまり、固定費はあくまでも特定の期間において一定水準の原価が発生することを意味するものであり、そういう意味で、操業度依存ではなく、期間依存の原価の区分といえます。

② 費用の分類方法

・勘定科目分解法

　勘定科目の性質に従って、固定費または変動費に分類し、集計を行う手法です。現実の勘定科目には、変動費としての性格と固定費としての性格が混在しており（準変動費・準固定費）、科目によっては「●％は固定費」といった分析も可能です。部門別に分解を行えば、さらに正確な分析が可能となります。

・その他の方法

　過去の月次実績数値を用いて、さまざまな売上高に対する各費用の金額をグラフ化して、その分布状況から固定費部分と変動費部分を求める方法もあります（スキャターグラフ法）。また、より厳密に回帰分析を用いる方法もあります（最小二乗法）。

（4） 限界利益と限界利益率

① 限界利益とは

　限界利益は、売上高から変動費を引いた値で、１単位の売上増大で得られる利益のことを指します。固定費を埋め合わせるために使うことができる利益という理解もできます(注)。

② 限界利益率

　限界利益を売上高で割った指数を限界利益率といい、この数字が大きいほどビジネスの「うまみ」があることを示すともいえます。

（注）レバレッジ効果

　　限界利益から固定費を差し引いたものが利益であるため、損益分岐点を達成できれば、あとは限界利益分だけ利益が確保できることになります。そのため、売上高の増加率を利益の増加率が上回ることになります。このことを

レバレッジ効果と呼ぶこともあります。

（5）　損益分岐点の活用
①　財務体質の把握と改善
損益分岐点に関するさまざまな指数（後述）を分析することで、自社の財務体質が把握でき、問題点の早期発見と改善着手が可能になります。また、改善効果の見積もりも容易になります。

②　予算の策定
損益分岐点の分析により、経営に必要なコストと黒字経営のために必要な売上高・販売数量が把握できるため、予算策定の最重要データが得られます。

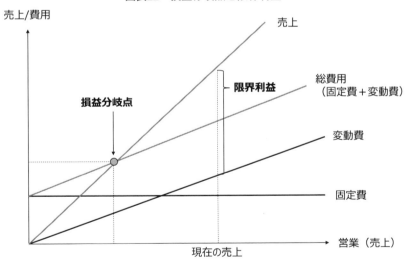

図表22　損益分岐点と限界利益

③ 投資・事業戦略の基礎データ

　投資による固定費（減価償却費、人件費、金利など）および変動費（運用コストなど）の増大と投資効果としての収益の増大に関する見積もりをもとに、投資の意思決定ができます。また、不採算事業からの撤退が損益に及ぼす影響を固定費／変動費の変化から見積もることができます。

　なお、損益分岐点は以下の式で求めることができます。

$$損益分岐点 = \frac{固定費}{1 - \dfrac{変動費}{売上高}}$$

（6）　損益分岐点の関係指標

・損益分岐点比率

$$損益分岐点比率（\%） = \frac{損益分岐点売上高}{売上高} \times 100$$

　損益分岐点が現在の売上高に対してどの水準にあるのかを知るための指標で、小さいほうが赤字転落の危険性が低く、経営的には安全であると判断できます。

・安全余裕率

$$安全余裕率（\%） = \frac{売上高 - 損益分岐点売上高}{売上高} \times 100$$

　売上高が、現在の水準から損益分岐点を割るまでにどの程度の余裕があるかを知るための指標で、大きいほうが赤字転落の危険性が低く、経営的には安全であると判断できます。損益分岐点比率の逆の意味を持つものです。

（7）　固定費率の改善

①　管理可能費と管理不可能費

　管理可能費とは、交際費・広告費や人件費のように、業務改善によって下げることが可能な費用を指します。管理不可能費とは、減価償却費や固定資産税のように、短期的な改善努力では下げられないものや、直接部門にとっての間接部門人件費のように自動的に割り振られるものを指します。

②　固定費の削減策

・人件費の削減

　　業務の廃止や統合による人員削減、作業の効率化による残業抑制等があります。

・減価償却費の抑止

　　無駄な投資計画の凍結などがあります。

・金融コストの削減

　　遊休資産を売却し借入金を返済し、金利負担を抑えることなどがあります。

・その他諸経費の削減

　　予算管理責任の厳格化、執行準備の見直し、出張の見直しなどがあります。

（8）　変動費率の改善

①　売上原価と販売管理費（販管費）

　変動費は大きく売上原価と販管費に分けられ、改善のアプローチは異なります。売上原価の改善では、製品・商品そのものや製造・購買方法の改善が中心となり、販管費では固定費の改善と類似の手法も有効です。

② 売上原価率の削減

売上原価自体を削減するためには、製造業の場合では材料購買の見直し、製造工程の改善による工数削減、品質管理の強化による歩留まり率の改善などが考えられます。流通業では、仕入の工夫により単価の削減や仕入諸掛の低減が考えられます。

③ 商品価額の改善

簡単なことではありませんが、製品・商品を改善することやマーケティング努力によって消費者にとっての製品・商品の価値を向上させる方策も考えられます。

（9） 採算計算で役立つ2つの原価概念
① 埋没原価

採算計算に関わる意思決定を行う際に、影響を与えないコスト（あるいは影響を与えてはいけないコスト）のことを埋没原価といいます。

② 機会原価

ビジネス上の意思決定において、複数案の中から1案を採用しなければならない場合、選択されなかった代替案を選択していたら得られたであろう収益（放棄された収益）のことを機会原価といいます。

（10） 埋没原価の例
① 株式売却の意思決定

以下の3種類の株式を保有しているとします。正しい売買アドバイスは、どのようになるでしょうか。

A株式　1,000円で購入、現在1,200円、今後は値動きがないと予想

B 株式　1,000円で購入、現在1,100円、今後1,200円まで値上がりを予想

C 株式　1,000円で購入、現在800円、今後700円まで値下がりを予想

　たとえば、1つの例ですが、埋没原価の考え方に照らせば、以下のようなアドバイスが考えられるのではないでしょうか。

A 株式：売却すべき

　なぜならば、金利負担の軽減を図ることができるからです。

B 株式：値上がりを待って売却すべき

　なぜならば、値上がり益の獲得を目指すことができるからです。

C 株式：即座に売却すべき

　なぜならば、値下がり損を回避する必要があるからです。

②　意思決定の根拠

　上記の例のように、意思決定は今後の値動きの予測のみに基づいて行われるべきであり、購入価格がいくらであったのかに影響を受けてはならないことを示しています（たとえば、1,000円で購入したものをその価格よりも安価な800円で売ることなど考えられないといった判断）。

　これが埋没原価の大切な考え方になります。

③　受注可否の意思決定

　以下の原価構成のメーカーに、40万個の注文が舞い込んだとします。単価何円であれば受注すべきと判断するでしょうか。

　ただし、毎月60万個生産、最大能力は120万個とします。

材料費	30,000,000円	（1個当たり50円）
労務費	60,000,000円	
減価償却費	30,000,000円	
総費用	120,000,000円	（@200円／個）

選択肢

① 　50円超（材料費を回収可能）

② 　110円超（材料費と労務費を回収可能）

③ 　140円超（総費用を回収可能）

答えは、①です。

材料費以外は固定費であり、意思決定による影響を受けないからです。

これも前述同様に埋没原価の考え方によります（ただし、ビジネスへの他の影響は無視するものとします）。

（11）　機会原価の例

①　事故の損失額の評価

お蕎麦屋さんの出前で、バイクのハンドル操作を誤って、積んでいた20枚のざるそばを道路にばらまいてしまったとします。さて、お店の損失はいくらでしょうか。

原価は以下のとおりとします。

売価	500円／枚
材料費	300円／枚

1）通常の時期であれば、

　　損失額　6,000円（300円×20枚）

2）大晦日などの繁忙期であれば、

損失額10,000円（500円×20枚）

となります。

　なぜならば、通常の時期では、作り直して届ければ、材料費分の損失で済みます。しかし、大晦日などでは、そばは売り切れが想定されるため、もう失われたそばの売上を補うことはできないものと考えられます。このようなものを機会原価と呼びます。

 ## 4　予算管理の基礎としての標準原価計算

（1）　標準原価計算

①　標準原価計算とは

　原価管理の目標値として標準原価を定め、これと実際に発生した原価を比較し、差異の原因を分析することで適正な原価を実現しようとする原価計算の手法の1つです。

②　標準原価計算の目的

標準原価計算を行う主な目的は以下になります。

- ・原価管理を可能にする
- ・製造・販売計画策定の基礎情報を得る
- ・予算策定の基礎データを得る
- ・会計処理における記帳を効率化・迅速化する

（2）　標準原価計算の手順

標準原価計算の代表的な手順を以下に示します。

①　原価標準の設定

　理想的な原価を標準として設定します。

② 標準原価の計算

原価標準による原価計算を行います。

③ 実際原価の計算

実際に発生した原価を把握します。

④ 原価差異を抽出する

標準原価と実際原価を比較して差異を求めます。

⑤ 原価差異の原因分析

費目、部門、製品等の数字を分析し、差異の原因を究明します。

⑥ 改善提案

差異を生じさせる原因を除去するための提案、またはより合理的な原価標準の提案を行います。

（3） 原価標準の設定

原価標準は以下のように設定をします。

① 標準直接材料費の設定

材料の消費量と価格について、それぞれの標準を定めます。

標準直接材料費＝標準単価×標準消費量

② 標準直接労務費の設定

作業時間と出来高を計測し、標準作業時間を設定します。

標準直接労務費＝標準賃金×標準作業時間

③ 標準間接費の設定

固定費と変動費に分けて配賦率を定め、標準間接費の配賦を可能にします。

標準間接費＝標準配賦率×配賦の単位

（4） 直接材料費の差異分析

　直接材料費の差異分析の計算方法を以下に示します。**図表23**も参照しながら、どこの差異を、何と何の差から求めているのかをイメージできるようにしてください。

図表23　直接材料費の差異分析

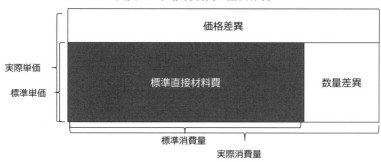

① 直接材料費差異の計算

　　直接材料費＝実際直接材料費－標準直接材料費

　　　　　　　＝（実際単価×実際消費量）－（標準単価×標準消費量）

　　価格差異＝（実際単価－標準単価）×実際消費量

　　数量差異＝標準単価×（実際消費量－標準消費量）

（5）　直接労務費の差異分析

直接労務費の差異分析も同様に以下に示します。

① 直接労務費差異の計算

$$直接労務費差異＝実際直接労務費－標準直接労務費$$
$$＝（実際賃率×実際作業時間）$$
$$－（標準賃率×標準作業時間）$$
$$賃率差異＝（実際賃率－標準賃率）×実際作業時間$$
$$作業時間差異＝標準賃率×（実際作業時間－標準作業時間）$$

（6） 製造間接費の差異分析

製造間接費も同様になります。**図表24**を参照してください。

図表24　製造間接費の差異分析

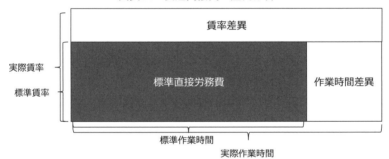

第 4 章

原価を押さえて業務改革
を行えるようになろう！

~本章のポイント~

　会社の数字を見るうえでも、経営計画を立てるうえ
でも、「原価」はとても大切な数字となります。これ
までの章でも「原価」はたびたび登場しましたが、本
章ではこの「原価」についてしっかりと学習します。
原価の全体像とその求め方について詳述しますので、
しっかりと身につけるようにしましょう。

原価の詳細を知る

　一般的には、モノづくりにかかっているさまざまな材料費や手間賃などのことを総称して「原価」と呼びます。製造現場の視点で見ると、「製造指図書（製造番号）・作業指図書（作業番号）」に集計される費用のことを原価といいます。ものづくりにかかったお金を「製造指図書、作業指図書」に集計することが「原価計算」です。

　経理の立場で見るならば、「製造原価報告書（明細書）」に集計されている費用のことです。その中の「当期製品製造原価」あるいは「当期総製造費用」が、1年間の「モノづくりにかかった費用」の総額であり、「原価」の総額を示しています。

（1）　製造原価報告書の見方

　製造業の会社では、モノづくりにかかったお金（製造原価）を把握するために、その他の一般諸経費である販売費・一般管理費と製造原価を分けて表示します。1年間の製造原価（製造費用）の明細を示すものが「製造原価報告書（明細書)」です。

　経理のルールでは製造原価（生産コスト）を、大きく「材料費、労務費、その他の製造経費」の3つに分けて表示します。製造経費は、材料費、労務費以外のその他製造全般に関わるものです。また、外注加工費などその他の製造経費であっても金額の大きい費目は独立して表示します。

①　製造費用

　モノづくりにかかったすべての費用のことを製造費用といいます。製造費用の内訳として、「材料費」「労務費」「製造経費」の3つがあることになります。

なお、１年間の生産に使ったすべての費用の合計のことを「当期総製造費用」といいます。

1）材料費
- ・素材など原材料の購入代金
- ・部品、パーツ、デバイスなどの購入代金
- ・有償支給材の購入代金
- ・調達先から倉庫までの運送・運搬にかかる運賃
- ・塗料・メッキの溶剤・溶接棒などの製品加工に必要な消耗品や部材
- ・ビスやネジなどの製品組み立てに必要な部材

2）労務費
- ・工場で働く従業員の給与（残業手当）・賞与（ボーナス）・退職金
- ・臨時工（パート・アルバイト）への支払い
- ・派遣社員を雇っている場合の派遣会社への支払い
- ・国民健康保険・厚生年金・雇用保険などの社会保険料の会社負担分
- ・作業事故に関わる従業員への傷害保険・生命保険の支払い
- ・会社が支給する作業服・ユニフォーム、その他会社が補助する食費・住宅補助などの諸費用
- ・社員寮・保養施設などの管理コスト

3）製造費用
- ・工場の建物・生産設備（工作機械・工作機器）などの減価償却費
- ・潤滑油や交換部品等の生産設備（工作機械・工作機器）を稼働させるために欠かせない設備の消耗品
- ・定期点検や修繕等の工場の建物・生産設備（工作機械・工作機器）などの設備の維持費・メンテナンスに要する費用
- ・電力・水道・ガス・重油・石炭などの工場のエネルギーコスト、燃料代
- ・倉庫工場内での運搬業務・構内作業に要する費用

- クレーン・フォークリフトなど構内車両などのガソリン・整備代・減価償却費
- 設計・加工・組み立てを外部の業者に依頼した場合の外注費、外注加工費
- 工場建物の火災保険・作業事故に関わる損害保険の支払い
- 従業員の定期代・交通費あるいは、宿泊費・旅費の実費精算

② 製造費用と製造原価

材料費、労務費、その他の製造経費など、当期中に生産に要したすべてのコストを「製造費用」といいます。そして、作った製品のうちの完成品の原価のことを「製造原価」といいます。

この中には、期末時点では作りかけで、未完成の工程完了品、つまり仕掛かり在庫（仕掛品金）の分は含まれません。したがって、もし期首と期末に未完成の仕掛かり在庫がゼロの場合には、当期の「製造費用」と「製造原価」はイコールになります。

2 製造原価と製品原価

（1） 製造原価と製品原価の関係

「ものづくりにかかったお金」のことを「製造原価」といいます。そして、特定の製品を作るのにかかった費用のことを「製品（製造）原価」と呼びます。

ここで、注意すべきことは「製造原価」という言葉は、2つの意味で使われることがあるということです。

1つは、1年間にその工場で使ったすべての費用、すなわち、さまざまな製品の製造原価の総合計額である「総製造原価」です。製造原価報告書（明細書）の「当期製品製造原価」は、その工場で使った1年間の「総製造原

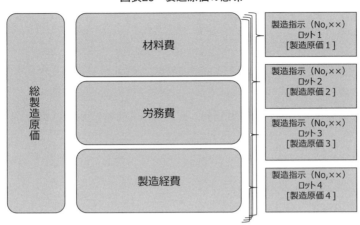

図表25　製造原価の意味

材料費

労務費

製造経費

総製造原価

製造指示（No,××）
ロット1
[製造原価1]

製造指示（No,××）
ロット2
[製造原価2]

製造指示（No,××）
ロット3
[製造原価3]

製造指示（No,××）
ロット4
[製造原価4]

価」を表しています。

　もう1つは、特定の製品を作るのにかかった個別の製造原価のことを意味する場合です。つまり「特定製品の製造原価」です。一般的に、後者を指して「製品原価」というケースが多いですが、確固たるルールはありません。

　したがって、両者の関係は、1年間の「総製造原価」を、製品ごとに個別に振り分けたものが、各製品の「製品原価」ということになります。

　もし、1年間に、たった1つの製品しか製造しなかったとするならば、「総製造原価」と「製品原価」は等しくなります。

（2）　原価計算の2つの意味

①　正確な製品原価の確定

　原価を計算する一義的な目的は、正確な「製品原価」を算出することにあります。まさに、原価計算の当初の目的はここにあります。製品原価を求めることは、実際に「支払った金額（製造費用）を各製品別に集計して、その明細（製造原価）を把握すること」だからです。

　製品の製造には、材料費、労務費、その他の製造経費など、さまざまな費

用がかかっています。通常、作るものが違えば、使う材料や部品も異なりますし、作る手間も異なります。つまり、製品ごとに、費用の明細が異なります。そのため、原価計算は「製品別」に行うことが基本となります。

「正確な製品原価」の算定は、見方を変えると「製品別の利益」を算出可能にすると言い換えることもできます。製品ごとに「いくら儲かっているのか」を把握することは、経営情報として欠くことのできないものといえます。

② 適正な製品原価の算定

「原価データ（情報）」が必要とされるのは、製造の現場だけではありません。製造業にとって、原価データは、販売や資材購入などさまざまなシーンでの意思決定に関わる重要な経営情報といえます。

しかしながら、その判断の際に求められるのは、「絶対的に正しい数字」というよりは、むしろ概算ベースであっても、タイムリーに活用できる原価データであることのほうが多いといえます。

もし事務的に確定する製品原価である「正確な製品原価」を待ってから、各責任者が何らかの判断をするとすれば、この正確な製品原価が確定するまでは、業務判断や意思決定が行えないということになってしまいます。

そこで、「原価計算基準」では、見積価格や予定価格を用いて製品原価を計算することを認めています。つまり、実際の製造にかかった費用や支払った金額が確定していなくても、合理的な根拠や方法に基づいて計算した金額であるならば、それを製品原価として差し支えないとの立場を取っています。

　　・実際原価＝実際単価×実際数量

　　・実際原価≒予定単価×実際数量

　　・実際原価≒予定単価×予定数量

③ 原価の考え方を整理する

（1） 原価の分類基準

原価には、さまざまな原価の見方、捉え方（原価分類と計算方法）があります。その基本的な考え方を整理しておきましょう。

「原価計算基準」は、以下の5つの分類基準を掲げています。原価計算には、さまざまな目的がありますが、これらの目的に応じた原価計算の考え方や原価計算の計算方法を整理しておきましょう。

- ・材料費、労務費、製造経費　　←　費目別原価集計（原価計算）
- ・直接費と間接費　　　　　　　←　製品別原価集計（原価計算）
- ・個別費と共通費　　　　　　　←　工程別原価集計（原価管理）
- ・実際原価と標準原価　　　　　←　製品別原価集計（原価管理）
- ・変動費と固定費

① 用途目的に従った分類（形態別分類・機能別分類）

製造費用（生産コスト）を、材料費、労務費（人件費）、製造経費の3つに分けて表すことが経理の基本ルールです。

自社内では困難な設計や特殊な加工技術等の一部を、社外に委託するケースが多い会社では、外注費の占める割合が多くなるため、これを独立表示することが望ましいといえます。

また、利用目的によって、主要材料費、補助材料費（材料副費）、工場消耗品費、直接労務費、労務副費など、その会社の実情や原価管理上の必要性に応じて分類します。

（注）本給・手当・賞与を除く法定福利費や福利厚生費などが、労務副費に該当します。原価計算上は、直接労務費、間接労務費として一括して取り扱う

ケースが多いです。外注費の占める割合が大きい会社では、原価管理の視点から社外に委託する作業内容別に集計することが望ましいです。

② 直接費・間接費の分類基準

直接費と間接費を分類する基準は、製造指図書（一定単位の製品）別に、直接的に認識できるか否か、そして、製造指図書（一定単位の製品）別に、直接的に認識することが適切か否かです。

直接費と間接費の区分は、費目別計算と合わせて、以下のように区分します。

直接材料費、直接労務費、直接経費

間接材料費、間接労務費、間接経費

（注）直接労務費は、直接製造部門（直接工）で、直接作業に従事している部分（直接作業時間）の労務費です。

直接経費は、外注費のように製品との関連性が明確な作業を、社外に委託した部分の経費です。

ここでの「直接」とは、「実際の」という意味と理解して差し支えありません。すなわち、直接費とは、実際にものづくりにかかった費用のことであり、間接費は、実際上はものづくりに直接関わっていない費用をいいます。

同様に、直接製造部門とは、実際にものづくりを行っている部門のことをいい、間接製造部門とは、実際にはものづくりをしていない部門と理解すればいいでしょう。

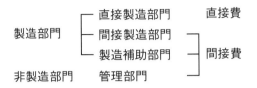

```
                ┌─ 直接製造部門      直接費
       製造部門 ─┼─ 間接製造部門 ─┐
                └─ 製造補助部門 ─┤
                                   ├─ 間接費
       非製造部門   管理部門    ─┘
```

　実務的に「製造指図書（一定単位の製品）別に、直接的に認識できるか否か」を判断する基準は、直接製造部門内で作成する生産管理データに準拠するケースが多いです。

　製造現場では、通常、生産状況をコントロールするために何かしらの生産管理データを作成しているものです。一例をあげれば、作業時間や機械稼働時間、機械稼働量です。これらを製品（製造指図書）との関連性が最も明確な資料と考えることが実務的です。

③　個別費・共通費の分類基準

　個別費と共通費を分類する基準は、特定の工程（原価部門）に個別に発生するか、各工程に共通に発生するかです。

　直接製造部門：パーツ組立工程・本体組立工程・検査工程
　間接製造部門：生産技術部門・資材購買部門・倉庫部門・施設営繕部門
　製造補助部門：電気部門・水道部門・汽罐部門・構内作業（運搬）部門
　管理部門　　：工場総務部門

（注）基本的に、生産プロセスの各工程（作業）単位を原価部門として考えます。
　　　各原価部門は原価管理の責任単位となります。原価の発生場所や作業区分・内容（工程）や部署などに基づいて、原価計算上の原価を集計する原価部門（コストセンター）を設定するケースが多いです。

④　変動費・固定費の分類基準

変動費と固定費を分類する基準は、操業度（稼働率）の増減に応じて比例的に変動するか否かです。

変動費：材料費・外注費・運搬費（社外に依頼した工場間移動）
固定費：変動費以外の諸経費

 # ④ 原価計算における留意事項

（1）　原価計算基準と原価計算規程

製品原価を計算する方法は、本来、その会社自身が自社の実情に応じて独自に決めるべきものです。それをまとめたものが、その会社の「原価計算規程」となります。

一方、「原価計算基準」は、各社の原価計算の指針を示すものであるため、絶対的な拘束力のあるものではありません。したがって、その会社の「原価計算規程」が、社会通念的に合理性のあるものであれば、その会社独自のものであっても問題はありません。

だからこそ、原価管理担当者は、一般的な原価の基本的な考え方や、自社の製品原価を集計する方法や計算プロセスを十分に理解しておかなければなりません。

ものづくりにかかっている費用（製造費用）を、製造指図書や作業指示書に集計する仕組みである製品原価の計算プロセスや、その集計方法についての知識が不明確であれば、製品原価の妥当性を検証することができません。原価計算システムや原価管理システムに任せてブラックボックスになってしまっては、業務責任を果たしているとはいえないでしょう。

（2）　原価計算におけるチェック項目

①　直接費と間接費

　製造指図書ごとにかかったことが個別にはっきりしている費用、すなわち、製品原価として直接的に認識することができる原価が直接費です。直接費は、「材料費」あるいは「外注費」などの原価については、馴染みやすいのではないでしょうか。

　しかし「労務費」や「その他の製造経費」のような間接費は、やや馴染みにくいので注意が必要です。これらは、製造指図書に簡単には集計しにくい費用だからです。したがって、これらの費用については、会社としてのルールを設けて、製造指図書に集計しなければ、製品原価を算定できなくなってしまうので注意しなければなりません。

②　間接費の製造指図書への配賦方法

　「間接労務費」や「その他の製造経費」などの間接費の集計方法、計算方法については各社ごとに、方法論が分かれるところです。直接労務費を含む労務費と、その他の製造経費を「加工費」としてまとめて、直接作業時間を基準に集計している会社もあります。また、間接製造部門、製造補助部門や管理部門などで発生する間接費については、原価計算上の原価部門（コストセンター）を設定し、そこから直接、製造指図書（製品）に配賦する方法もあります。

　　1）直接製造部門費（パーツ組立、本体組立、検査）
　　2）間接製造部門費（生産技術、生産管理、品質管理）
　　　　ものづくりに部署単位で間接的に関わっている費用
　　3）製造補助部門費（電気費、水道費、運搬費）
　　　　ものづくりに工場全体で間接的に関わっている費用
　　4）管理部門費（工場総務、購買、営繕）

ものづくりに直接関わっていない費用

・製造指図書への集計がすぐにできる費用
　　材料費、外注費
・集計する仕組みが必要な費用（合理的なデータ集計が可能）
　　直接労務費
・集計する仕組みが必要な費用（合理的なデータ集計が困難）
　　電気料、水道料、間接製造部門費、管理部門費

（3）　製品原価と原価差額

　「製品原価」は、製造指図書や作業指示書に集計された費用（製造費用）のことです。それでは、指図書に集計されたすべての製品原価を合計すれば、工場で使用したすべての費用の合計額である「総製造原価」になるのでしょうか。

　ここで、もし見積価格や予定価格を用いて「製品原価」を算定していたならば、当然、実際の「製造原価」と「製品原価」の合計額との間には差額が生じます。この差額のことを「原価差額」といいます。

　企業会計上認められるのは、実際の「製造原価」の金額だけですから、見積価格等を用いて「製品原価」を算定している場合には、「原価差額」の調整が必要となります。つまり、原価差額の金額を、売上原価と棚卸資産に振り分けなければならないということです。

（注）「工場で使った費用」の総額＝「製造仕様書に集計した費用」の総額となるはずです。
　　①　経理の立場では、「工場で使った費用」の総額
　　②　現場の立場では、「製造指図書へ集計した費用」の総額

標準原価計算と原価管理

（1）　標準原価を用いた原価管理
①　原価管理の意義

コストダウンを進めていくには、原価削減の目標を持って生産活動に取り組むことが必要です。「原価管理」の目的は、目標とする原価（標準原価）を設定するとともに、現場の原価実績をつかみ、これを目標値と比較します。そうすることで、実施中の原価改善策の有効性を判断するとともに、今後の改善策を検討することにつながります。すなわち、「原価の目標管理」につなげていくことこそが、「原価管理」の基本であるといえます。

つまり、原価計算とは、「原価管理」の重要な手段の１つといえます。これが原価計算を行う重要な目的だといえます。

②　標準原価の設定目的

基本的な考え方として、「標準原価」は目標とする原価です。目標は、本来、未来への進歩、成長を目指すものです。将来の成果が望めるように、過去の実績数値に生産部門の改善努力を加味します。プラスアルファの努力目標を必ず加えるのです。それが標準原価を設定する一番大きな目的です。ところが、実務的には過去の平均値を標準値、目標値としているケースが多く見受けられます。このような過去の結果を追い求めるような方法ではコストダウンはなかなか進みません。

③　原価管理に必要な２つの原価標準

原価計算の基本的な考え方、つまり製造指図書に原価を集計する基本公式は、「単価×数量（時間）」でした。「原価計算」も、これと同じ考え方に従って実施していきます。言い換えると、原価管理には、目標達成の目安と

なる2つの基準値「標準値」が必要になります。これを「原価標準」といいます。

1つは、目標とする単価「標準単価」であり、もう1つは、目標とする数量、時間等の「標準数量（時間）」です。

そして「標準単価」と「標準数量（時間）」、この2つの原価標準を用いて計算した原価を「標準原価」といいます。したがって、標準原価を用いた原価管理には「単価管理」と「数量（時間）管理」の2つの側面があるのです。

ここでいう「標準原価」とは、材料費ならば、合理的に算定された材料単価を指します。労務費であるならば、生産計画に基づいて合理的に算出した1時間当たりの賃率のことです。実務的には、原価計算システムの「単価マスターに登録される金額」といったほうがわかりやすいでしょう。

一方、「標準数量・時間」とは、材料費ならば、通常、発生する仕損数量[注]に、目標値を加味した生産効率、生産数量を前提とした、材料使用料のことを指します。労務費であるならば、通常の生産効率に目標値を加味した作業時間のことです。

これを、言い換えると、原価管理のための製品原価、つまり標準原価は「目標とする単価」に「目標とする数量・時間」を乗じて算定されることになります。

（注）仕損数量

指定数量の仕損も使用することができます。たとえば、資材をリールの切片にする必要があるときには切削中に数量が失われます。資材の総所要量計算には、指定数量の仕損を次式のように用います。

総所要量＝正味数量＋仕損数量

部品表内の資材または作業に対しては、指定数量の仕損を定義することができます。指定数量の仕損は、立上げ効果に関して用いるのが一般的です。たとえば、機械の立上げ時には、最初の製品を品質不良という理由から破棄しなければなりません。

④ 標準原価と原価差異

標準原価を使って原価管理を実施すると、実際原価との間に、必然的に「原価差異」が発生します。原価差異とは、一言でいえば、原価の見込み違いということです。もしすべてが、当初の計画どおりであったならば、原価差異はゼロとなるはずだからです。

⑤ 原価差異分析の基本的な考え方

標準原価を用いた原価管理の特徴は、材料や労務費の基準単価、標準（目標）生産数量、標準（目標）材料使用量、標準（目標）作業時間など、目標となる基準である「原価標準」を明確にしたうえで標準原価を算定することでした。

そこで、標準原価と実際原価を比較して、その内容を分析すれば、材料や労務費の基準単価と実際単価の差から生じた「価格差異」と、基準数量・作業時間と実際の使用量、作業時間の差から生じた「数量差異・作業時間差異」に分けることができます。

図表26　原価差異分析の基本的な考え方

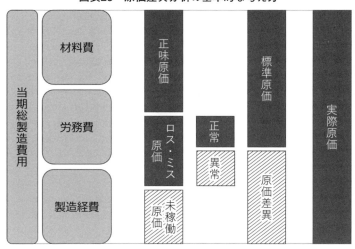

前者の「価格差異」は、生産計画において決定された資材の予定調達価格（コスト）や労務費の賃率等の基準（目標）値と、実際に確定した現実の値にギャップがあった場合に発生してきます。一方、後者の「数量（作業時間）差異」は、想定以上の仕損の発生による材料や部品の浪費、あるいは、想定以上の作業ミスや予想外のトラブルによる作業中断や機械停止などの作業時間の浪費が原因となって発生します。

　この2つの差異は、原価責任という視点からは異なる性質を有しています。

⑥　原価差異分析の求め方の基本

1）直接材料費差異

> 材料消費価格差異＝（標準材料消費価格－実際材料消費価格）
> 　　　　　　　　　×実際材料消費量
> 材料消費量差異＝（標準材料消費量－実際材料消費量）
> 　　　　　　　　×実際材料消費価格

2）直接労務費差異

> 賃率差異＝（標準賃率－実際賃率）×実際直接作業時間
> 直接作業時間差異＝（標準直接作業時間－実際直接作業時間）
> 　　　　　　　　　×標準賃率

3）製造間接費差異

> 予算差異＝間接費予算額－間接費実際発生額
> 能率差異＝（標準配賦率－実際配賦率）×実際（直接作業）時間
> 操業度差異＝（標準時間－実際時間）×標準配賦率

労務費と製造間接費は、どちらも生産（製造）量の変動にかかわらず金額

が増減しない「固定費」的な性格があります。したがって、これらを一括して「加工費」として扱った場合の原価差異を見てみましょう。

　能率差異や操業度差異などの作業時間に関する不利差異は、現場の生産管理の視点から見れば、現場の作業ミスやトラブルなどの予定外の作業中断や機械停止、あるいは予想を超えた仕損の発生など、生産活動を妨げるあらゆる停滞要因の積み重ねであるといえます。

（2）　原価管理と原価差異
①　原価差異とその原因

　原価管理の目的は、原価の差異を計算することではありません。これらの差異の発生原因を正しく分析して把握し、その対策を講じることで、翌期の生産計画に織り込むことです。

　差異の発生原因は、通常コストアップ要因であると同時に、その現場における改善すべき課題であるからです。

②　原価差異と原価（管理）責任

　原価管理には、「単価（価格）管理」と「数量（時間）管理」の2つのポイントがあることはすでに説明しました。ところが、前者の「単価（価格）管理」は、生産現場の努力だけでは、どうにもならない側面も多くあります。

　一方で、後者の「数量（時間）管理」は、各現場におえるミス発生などによる作業の非効率が原因となることが大半です。現場での作業管理や工数管理がうまくいかずに計画の目標を達成できなかった場合に、材料費の数量差異や労務費の直接作業時間差異などが発生します。本来、これらの差異に関わる効率低下は各工程で責任を持って改善すべき問題です。

　つまり、主として現場の原価管理の対象となるのは、材料費の数量差異や、労務費の直接作業時間差異など、各工程の生産効率に関わる部分の原価

だといえます。これらの差異は、いずれも各現場の仕事の非効率や各工程における原価の改善ポイントを示しています。まさに、仕事のムリ・ムダ・ムラ＝時間のムリ・ムダ・ムラといえるでしょう。

　原価データ的に見ると、通常よりも多くの仕損が発生したときの材料ロスの原価は「材料費の消費量差異」、また、当初の想定の範囲を超える作業中断や機械停止が起きたときにロスした直接作業時間の原価は「労務費や加工費の能率差異や操業度差異」になって現れてきます。

（3）　原価管理の重要課題

　自工程に責任がある問題点、自工程内の努力だけで対処できる改善テーマを「ミス」と定義することにしましょう。一方で、前工程の遅れなど自工程の管理責任を超えた不可抗力による問題点、自工程内の努力だけではどうすることもできない改善テーマを「トラブル」と定義することにしましょう。

　原価管理上、最も重要な意味を持つのは「トラブル」に対するものです。不可避的な原因によって発生するトラブルこそ、責任が曖昧になってしまう傾向が強いからです。不可抗力だから管理不能、自工程の責任の範囲外だから仕方がない、それでは済まされないのです。外生的な不可抗力と、これに起因した原価差異だからこそ見過ごしてはならないポイントとなります。

　トラブルは自らの工程管理責任を超えて発生するものです。ところが与えられた権限の範囲内でしか責任は果たせません。したがって、工程（原価）管理者にとって、自工程内の努力ではどうすることもできない他部署、他工程で発生する問題点に対しては対処することができないのです。自らの権限の範囲を超える自工程外で発生する不可避的な原因による差異の改善は果たせません。工程管理責任を超えた権限を持ってしなければ、解決し得ない問題だからです。だからこそ、関連工程間、あるいは工場全体で取り組まなければならない問題点といえます。

　「合成の誤謬」という言葉がありますが、ものづくりの現場にも当てはま

ることです。

1．1つ1つの工程の問題として捉えることも大切ですが、トータルで捉
えたときに問題はないか、工程間の受け渡し、つなぎ目に問題はない
か、工程間のホウレンソウ、他部署とのコミュニケーションに改善を要
する点はないか、今一度、検討する必要があります。
2．仕損（歩留まり）率の改善、作業時間の短縮などの生産効率の向上
が、逆に稼働率の低下につながっては意味がありません。

（4）　生産管理と原価管理

①　生産管理の仕事

　一口に生産管理といっても、その会社によって仕事の実態やその内容はさ
まざまです。当然、仕事のレベルも異なるでしょうし、組織上の権限と責任
の範囲も違うでしょう。

　いずれにしても、その会社の実情に合わせて、生産管理業務における今後
の改善策を検討していく以外にはありません。

②　生産管理と原価管理の関連性

　一般的な工場における生産管理業務の目的は、各生産現場の現状の問題点
を明確にし、その実績を測定して、作業効率を改善し、生産性を向上させる
ことです。

　それには、まず「現在、どのようなミスやトラブルが発生しているのか。
その結果どれくらいの時間、作業が中断し、機械が停止しているのか。どれ
ぐらいの工数ロスが出ているのか」、各現場のミスやトラブル等の実情を客
観的に把握する必要があります。

　そのために、通常、生産現場では、各工程ごとに目標工数や工数実績、あ
るいは生産実績や効率を表す数量基準の「生産管理データ」を作成、記録し

ています。

　そして、これらの「生産管理データ」を活用して、その問題点ごとに具体的な改善策を打っていくことが最も重要なポイントです。各現場において改善策の有効性をチェックするとともに、改善効果を確認していくことも忘れてはなりません。

　ものづくりの現場では、工数実績や生産効率などをコントロールする生産管理の視点が中心です。しかし、作業改善活動や、改革の成果が「原価という金額」で見えなければ、「コストダウン」はうまくいかないでしょう。現場の業務改善の進み具合は原価低減の進み具合とイコールのはずだからです。つまり、常に「お金」という側面、「原価」の観点からも、現場の生産実績や改善効果を見ていかなければいけないのです。

　標準原価を用いた原価管理の目的は、各工程の現場の生産管理活動と一体となった原価低減です。その本質は、現場の問題解決であると同時に、原価改善活動と表裏一体で実施されるべきものです。

　そのためには、原価管理システムで算出される現場の生産効率に関する材料や仕損に関わる数量差異や、労務費などの直接作業時間差異などの原価データも、各工程別、その発生原因別に分けて集計される仕組みになっていなければなりません。

③　原価管理に必要な原価計算の仕組み

　原価管理を実施するには、現場の原価やロス・ミスによる損失額、原価削減の実績等、コストダウンに必要な原価データを使う仕組みが欠かせません。

　そのシステムの基本的な考え方は、現場で作成・記録している「生産管理データ」が「原価という金額」で見えればよいでしょう。それには、直接作業時間や機械稼働時間、仕損率など、現場の生産管理データをたたき台にして原価の計算をすることです。

そうすれば、「各工程の現場の正味原価、作業ミスやトラブルによって発生している作業中断、機械停止による損失、仕損による損失額、あるいは現場の改善努力の結果である原価低減の実績」がわかるようになります。

　「生産管理の仕組み」と「原価計算（管理）の仕組み」が結びついているから、現状の原価実績や損失、コストダウンの成果がわかるのです。ところが、生産管理データが、原価データに連動していないと、生産性アップの実績は「原価という金額」では見えないでしょう。現場の生産管理データを、経理の発想でとらえる仕組みこそ、原価管理に必要な原価計算の仕組みです。このようなシステムがあってこそ、原価管理の実績が可能になるのです。そこで、原価管理に必要な原価計算の仕組みの条件を以下にまとめます。

　　1．各生産現場（工程）ごとに、生産に関する実数を把握する生産管理データが、作成（集計）されていること。かつ、ロス・ミスの発生状況（原因）別に、不良率などの統計データが作成されていること。

　　2．これらの生産管理データ（システム）をベースにして、原価計算ができる仕組みになっていること。つまり、「生産管理システム」と「原価管理システム」が連動していること。

第 **5** 章

会社に改善提案を
行えるようになろう！

～本章のポイント～

　前章までで、会社の原価を押さえ、予算管理が行え、経営計画も立てられるようになったことでしょう。本章ではさらに一歩前進して、会社に対して改善提案をできるようになりましょう。具体的には、会社の現状をしっかりと把握し、自社の抱える課題を明らかにして、その改善提案を行うことで新たな収益機会を提示できるようにします。これらを論理的に整理し、会社に対して自ら提案が行えるようになることを目指します。

まず方針を決定する

（1） 現状の分析

① 定量情報の分析

　会社の現状を捉えるために必要な情報を自社の財務諸表から抽出します。データが入手可能であれば過去5か年にわたって、以下の指標を算出し、確認しましょう。

・総資本経常利益率（経営効率の推移を確認する）
・売上高に関する成長率（事業の拡大傾向を確認する）
・自己資本比率と損益分岐点（経営の安定性と事業の収益性を確認する）

　総資本経常利益率は、「総資本経常利益率＝経常利益÷総資本×100」で計算されます。

　総資本経常利益率は、分子が「経常利益」になるので、本業で稼いだ利益である「営業利益」に加えて、本業以外の金融取引、投資活動で発生した支払利息、受取利息、受取配当金といった営業外損益も含めたものとなります。

　なぜ本業以外の利益も含めるかといえば、たとえばトヨタ自動車などでは、本業以外にも金融業などを事業として持っているので、これらの営業外収益も加味しなければ企業としての本当の総合力を判断することはできないからです。

　売上高成長率は、会社の売上がどの程度成長したかを示す経営指標です。売上高成長率を見れば、事業の将来性を確認することができます。

　たとえば、売上高成長率がプラス成長であれば事業の衰退リスクは低く、

売上高成長率がマイナス成長であればその事業の衰退リスクが高いということを確認することができます。

　売上の成長がなければ会社の発展は望めませんので、売上高成長率は重要な経営指標の１つです。また、売上高成長率に何らかの変化が発見できれば、その事業としての立ち位置がわかり、対策を立てやすくなります。

　売上高成長率は以下のように求めます。

　　・単年成長率の場合：売上高成長率＝｛(当期売上高 − 前期売上高)
　　　　　　　　　　　　　　　　　　　÷前期売上高｝×100
　　・単月成長率の場合：売上高成長率＝｛(当月売上高 − 前年同月売上高)
　　　　　　　　　　　　　　　　　　　÷前年同月売上高｝×100

　たとえば、当期売上高が10億円、前期売上高が９億円の場合の売上高成長率は、

　　　｛(10億円 − ９億円) ÷ ９億円｝×100＝11.11%

　一方、当月売上高が0.9億円、前年同月売上高が１億円の場合の売上高成長率は、

　　　｛(0.9億円 − １億円) ÷ １億円｝×100＝△10.00%

　事業によっては売上が季節によって大きく変わる場合もあるため、これを単月で比較してしまうと実態と乖離してしまうこともあります。事業に季節変動がある場合には、単年比較をしたほうがいいでしょう。

　自己資本比率は、企業の安全性を測る指標で、下式で計算します。

　　・自己資本比率＝自己資本／総資産×100

自己資本比率は総資産のうち、自己資本の占める割合を計算するものです。この総資産は、貸借対照表の負債・純資産の部の総額のことであり、言い換えれば会社が事業のために集めた資金の合計です。

　これら資金のうちで負債の部の資金は、借入金や買掛金などの債権者に返済しなければならないものです。これに対して、純資産の部は株主資本であり、株主に帰属するものの、返済する必要はありません。

　このことから、自己資本比率を算定することによって、企業の安全性を確認することができます。

　自己資本比率が50％を超えるような安全性の高い会社であっても、資産のうち現金や普通預金の額が少ない場合には注意が必要です。資産の多くが長期前払費用や長期貸付金のようにすぐには現金化のできない資産である場合には、突発的な支払いが発生したときに現金が不足してしまう可能性もあるからです。また、自己資本比率が高いということは、新たな借入れをして新規の投資を行っていないという見方もできます。売上高が安定しているのであれば問題ありませんが、減少を示している場合には注意が必要です。

　自己資本比率が低い場合には、安全性には注意が必要ですが、負債の内容を併せて確認するようにしましょう。負債の多くが短期借入金（1年以内に返済が見込まれるもの）である場合などは、自己資本比率の低下は一時的なもので、翌期には回復することが見込まれます。

② 定性情報の分析

　財務諸表の各種数値を理解するために必要な情報を、関係者などへのインタビューなどを通じて収集します。ここでの重点は、戦略レベルで情報収集を行うことです。

　定性情報の分析方法には、以下で説明するSWOT分析が有効です。

　SWOT分析とは、戦略立案のために4つの観点（S：Strength（強み）、W：Weakness（弱み）、O：Opportunity（機会）、T：Threat（脅威））から、

市場と競合先、自社の能力を包括的に分析し、現状の把握を行うための手法です。

　SWOT 分析を使うことで、自社の環境要因を考える視点を整理することができます。強み、弱み、機会、脅威の 4 つの観点を組み合わせて分析することで、自社にとっての市場機会や事業課題を明らかにすることができます。

　SWOT 分析では、内部環境と外部環境それぞれに由来する要素を洗い出して、現状を分析していきます。自社の可能性や見逃していた強みに気づかせてくれる分析手法だともいえます。S・W・O・Tのそれぞれの要素は以下のとおりです。

S：強み（Strength）	自社が保有する資源のうち、競合先に比べて優れている要素で、弱みを補って競争力を向上させる必要があるもの
W：弱み（Weakness）	自社が保有する資源のうち、競合先に比べて劣っている要素で、重要な弱みについては早急な補強策が求められるもの
O：機会（Opportunity）	環境が自社に好都合な状況で、強みを生かした積極的な戦略により、好ましい成長を得ることが可能なもの
T：脅威（Threat）	新規参入や技術革新の進展など、自社の優位性を奪いかねない状況で、強みを生かした戦略を展開し、克服すべきもの

図表27　SWOT 分析

（2） SWOT 分析の進め方

SWOT 分析には、以下の３つのプロセスがありますので、それぞれについて解説をしていきます。

①　目的を明らかにする

どのような分析を行う場合であっても、最初に分析の目的を明らかにしておかなければなりません。そうしなければ、分析自体が曖昧なものとなってしまいます。極端な例ですが、漠然と海を越えて大陸に向かおうと思っているならば、おのずと船や飛行機を念頭に分析をするでしょう。しかし、これが月に行こうと思っている場合ならば、どのように精緻に船や飛行機の分析をしてもゴールに達することはできません。

もう少し具体的なビジネスの課題に落とし込むならば、「売上を10％伸ばそう」という目的に向かって進むことと、「利益を10％伸ばそう」という目的とでは、取りえる戦略も分析の方向性も異なるということです。

②　事実に基づいて、現実を明らかにする

内部環境と外部環境、それぞれの対応するプラス面とマイナス面を表すマトリクスに当てはめて、列記していきます。

１）内部環境についての分析

内部環境を分析するには、たとえば、「ブランド」「顧客からの認知」「商品・サービスの品質」「価格」「立地」「技術力」などがあげられます。

なお、内部環境分析の代表的な分析手法にバリューチェーン分析があります。バリュー・チェーンとは、個々の事業において、製品が顧客の元に届くまでに、企業の主活動（購買物流、製造、出荷物流、販売・マーケティング、サービス）や支援活動（全般管理、人事・労務、技術開発、調達活動）でどのように価値が付加されているかを示したものです。

バリューチェーン分析によって、企業による事業活動の「どのプロセスで

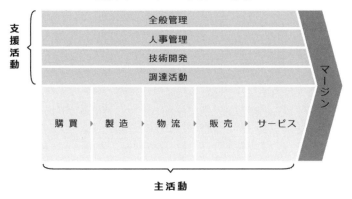

図表28　バリューチェーン分析

支援活動
- 全般管理
- 人事管理
- 技術開発
- 調達活動

購買 → 製造 → 物流 → 販売 → サービス

主活動

マージン

どのような価値が生み出されているのか」「どこに強みや弱みがあるのか」を分析することができるため、現行の事業戦略・経営戦略の有効性や改善の方向性を探りたいときに有効です。また、競合他社のバリューチェーンも同じように分析をすることによって、他社と自社とのバリューチェーンが比較でき、他社との差別化要素を明らかにすることができます。

　ここで、バリューチェーンの構成要素の「主活動」は、企業の活動の中で直接的な価値を生む活動のことをいいます。どの活動が主活動に該当するかは、業種や企業によって異なりますが、たとえば製造業の場合には、一般的には「購買」「製造」「物流」「販売」「サービス」という５つの主活動があります。バリューチェーンはもともと製造業を中心として考えられた手法であるため、業種によっては「主活動」の内容を自社に合わせて変更して使用するのがいいでしょう。

　もう１つのバリューチェーンの構成要素である「支援活動」は、主活動をサポートする働きを指します。支援活動は製品やサービスが顧客に届けられるまでのプロセスを間接的に支えている活動です。この支援活動には組織の内部的な活動が含まれ、主に、「全般管理」「人事管理」「技術開発」「調達活動」の４つがあります。

２）外部環境の分析について

外部環境を分析するには、たとえば、「業界全体の市場規模と成長性」「流行や話題性」「周辺環境」「競合他社の状況」「経済状況・景気動向」「政治的要因」「法律や制度の改変」などがあげられます。

外部環境の分析手法には、たとえば、５フォース分析などがあります。５フォース分析というのは、外部環境分析のうち「事業環境」の分析を行うためのフレームワークです。このフレームワークでは、業界の収益性を決める要因には以下の５つの競争要因があるとされています（**図表29**参照）。

　　・新規参入者の脅威
　　・売り手（サプライヤー）の交渉力
　　・買い手（顧客）の交渉力
　　・代替品や代替サービスの脅威
　　・既存企業同士の競争（競争業者）

これら５つの要因はすべて「利益圧迫要因」にあたります。すなわち、これら５つのどの要因がそれだけ自社の利益を圧迫しているのかを構造的に明

図表29　５フォース分析

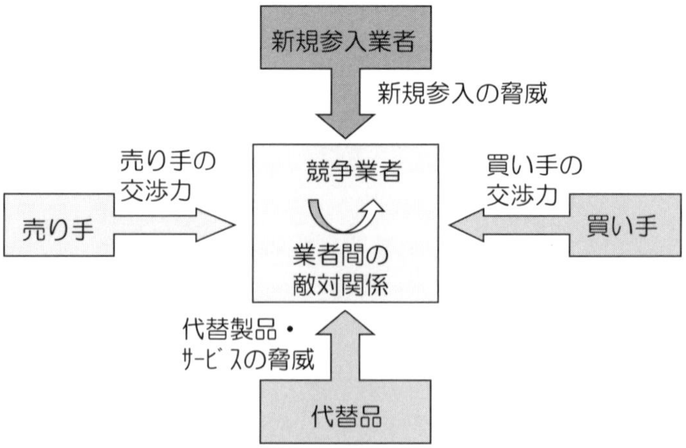

らかにします。

　ビジネスパーソンにとって5フォース分析は有名なフレームワークといえ
ますが、案外知られていないのが、「縦軸」と「横軸」の関係です。優秀な
ビジネスパーソンであっても、5つの要因を一気に分析しようとすると混乱
してしまうことがあります。

　しかし、縦軸と横軸の関係をしっかりと知っておけば、まずは「縦軸」か
ら分析し、次に「横軸」を分析するといったシステマチックにかつ効果的な
分析を行うことができるようになります。

　5フォース分析の縦軸は、「市場の取り合いの構造」を見たものになりま
す。すなわち、業界内の競争に対して、「新規参入者」がどれだけ市場を

図表30　5フォース分析の「縦軸」（市場の取り合いの構造）

新規参入業者

新規参入の脅威

競争業者
業者間の
敵対関係

代替製品・
ｻｰﾋﾞｽの脅威

代替品

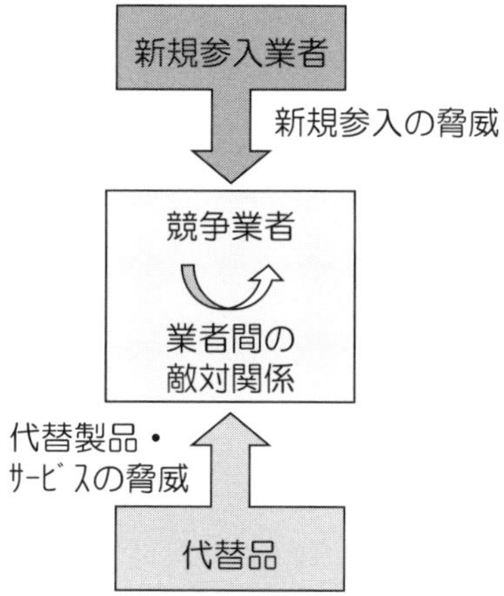

図表31　5フォース分析の「横軸」（商品が生む価値の取り合いの構造）

売り手の
交渉力

売り手

競争業者
業者間の
敵対関係

買い手の
交渉力

買い手

奪っていくのか、そして、「代替品」がどれだけ市場を奪っていくのを明らかにするのが縦軸の分析です。

次に横軸は、「商品が生む価値の取り合いの構造」を見たものになります。すなわち、買い手の交渉力が高ければ、せっかく生み出された価値を買い手に持っていかれてしまいますし（値下げなど）、売り手の交渉力が高ければ売り手に価値を持っていかれてしまうことになります（仕入値の値上げなど）。

これらの分析結果を踏まえて、SWOT分析に移りますと、スムーズに分析を進めることができるようになります（**図表32**参照）。

たとえば、小売店の分析をする場合に、以下の例で考えてみましょう。ここでは、分析の目的を「店舗の売上向上のため」と置くことにします。

たとえば、一例として、以下のような要素が考えられます。

【強み】

　・立地がよい（大通りに面している）

　・品質の高い素材を使用している

　・スタッフが多く、接客が充実している

【弱み】

　・料金が高い

　・買い物に時間がかかる

　・フロアが複数に分かれている

【機会】

　・エリア内に同業者が少ない

　・同じ商品を扱う店舗がない

　・大規模開発により人口が増えている

【脅威】

　・モノを所有しなくなってきている

　・高価格帯の需要が減りつつある

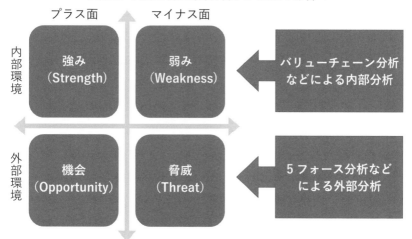

図表32　内部分析と外部分析からSWOT分析へ

プラス面　　　　　　マイナス面

内部環境

強み
（Strength）

弱み
（Weakness）

バリューチェーン分析
などによる内部分析

外部環境

機会
（Opportunity）

脅威
（Threat）

5フォース分析など
による外部分析

（3）　クロスSWOT分析を行う

　マトリクスの各象限に事実ベースで要素を書き出したら、次に、それぞれの要素を掛け合わせて「クロスSWOT分析」を行います。

　SWOT分析といえば、先の「強み」「弱み」「機会」「脅威」を書き出すことと思っている人もいますが、実務の現場ではそこからさらに踏み込んで、クロスで分析を深めることで戦略立案の糸口を探し当てていきます。

　ここで、「クロスSWOT分析」について説明します。"クロス"というのは、各象限を掛け合わせることです。具体的には、以下になります。

① 「強み×機会」：機会をとらえて強みを最大限に生かす方法は何か？
② 「強み×脅威」：強みを生かして、脅威を回避するためにとれる方法は何か？
③ 「弱み×機会」：弱みを使って、機会を逃さないためにとれる方法は何か？
④ 「弱み×脅威」：弱みと脅威によって生じる最悪の事態を回避する方法は何か？

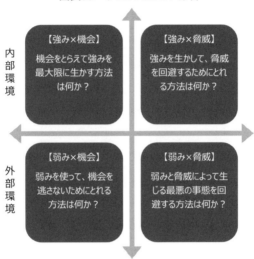

図表33　クロスSWOT分析

	【強み×機会】	【強み×脅威】
内部環境	機会をとらえて強みを最大限に生かす方法は何か？	強みを生かして、脅威を回避するためにとれる方法は何か？
外部環境	【弱み×機会】弱みを使って、機会を逃さないためにとれる方法は何か？	【弱み×脅威】弱みと脅威によって生じる最悪の事態を回避する方法は何か？

　このクロスSWOT分析を行うことで、強みを生かして、機会を逃がさず、危機を回避し、さらに強みを最大限に生かして「店舗の売上向上」を実現する方法を考えるということになります。

　ただし、SWOT分析を行うなかでは、見る視点によって「強み」にも「弱み」にもなる要素もあり得ます。また、見方によっては「脅威」だが、視点を変えれば「機会」になるということもあります。そのため、複数の可能性を考慮しながら分析を進めることが大切です。

　SWOT分析は、社内・社外のプラスマイナスの各要素を客観的に把握することができ、現状の理解を深めることができる方法です。自社の可能性を広げ、新たなビジネスチャンスを発見できるように活用してください。

　なお、SWOT分析を用いると、とかく「強み」や「機会」に目が行きがちです。筆者の経験でも、SWOT分析の結果として「強み」「機会」が論じられるケースが多くあります。

　しかし、実務の現場では、むしろ「弱み」と「脅威」にこそ目を向けなければならないケースのほうが多いものです。「弱み」をどのように「強み」

に転じるのか、「脅威」をどのように回避するのかということを常に念頭に置いて SWOT 分析を進めてください。

（4） 財務視点からの目標設定

① 検討すべき項目

・経営効率

　総資本経常利益率はどの水準を目指すのかを明らかにします。

・売上高

　今後 5 年間の売上高目標はどの程度であるか、成長志向を続けるのかなどを明らかにします。

・自己資本比率

　今後 5 年間の目指すべき数値はどの程度であるかを明らかにします。

・損益分岐点と固定費 / 変動費

　5 年後までにどの程度改善させたいのかを明らかにします。

② 検討の前提

　この段階では、明確な根拠をもって数値目標を出すことは難しいかもしれません。ですが、過去の流れや経営者の意欲などを総合して、「この程度を実現しなければ、経営改善に成功したとはいえない」といえる水準をしっかりと検討しておくようにします。数字を確定することが難しい場合には、考え方や枠組みの整理をしっかりとし、明示するように心がけましょう。

　なお、経営指標は、同業他社と比較するためにも用いるものですが、ここではそれよりも自社での時系列を確認することを勧めます。過去 3 年～ 5 年間の貸借対照表、損益計算書、製造原価、販売管理費を時系列に並べて比較することで、どこに問題があるのかを発見できるかもしれません。

（5） 方針の策定

①　抜本的な施策（中長期的な施策）

　目標の設定において検討したあるべき姿を実現するために、できる限り制約条件を取り払って自由な発想で「実現すべき施策」のアイデアを列挙します。ここで列挙した施策の実現可能性について、この後のフェーズで検証を行っていきます。

②　すぐにやるべき施策（短期的な施策）

　抜本的な改善案が実施されない限り、大きな経営改善を望むことはできません。しかし、その成果は短期的に得ることは難しいものです。今後、数年の助走期間中に何をするべきかを検討するのが「短期的な施策」です。現状の良い部分を生かして、問題点を悪化させずに、また効果は限定されるがすぐにできる問題解決策を打てるようにアイデアを用意しておきます。

　（注）抜本的な施策とすぐに着手するべき施策については、拙著『誰がやってもうまくいく！最強の組織づくり』を参照ください。

　ここまで述べてきた方針策定のステップを以下にまとめます。
1．現状分析（概略を把握する）
　　定量情報分析により以下を把握します。
　　・総資本経常利益率の推移
　　・売上高の推移
　　・自己資本比率と損益分岐点の推移
　　定性情報の分析から、SWOT分析を行います。
　　・S（Strength）：強み
　　・W（Weakness）：弱み
　　・O（Opportunity）：機会

・T（Threat）：脅威

　SWOT分析の結果から、クロスSWOT分析を行うことで、具体的な戦略立案の糸口を探ります。

2．目標設定（財務数字から定める）
　・経営効率はどの水準を目指すのか。
　・売上高はどの水準を目指すのか。
　・自己資本比率はどの水準を目指すのか。
　・損益分岐点と費用の構成はどの水準とするのか。

3．基本方針の策定
　・短期的な施策を具体的に決めます。
　「××を●●する」のように明確に記述することが大切です。
　・中長期的な施策を具体的に決めます。
　「××を●●する」のように明確に記述することが大切です。

シナリオを描く

（1）　問題の発見
①　定量情報の分析
　財務諸表やその他のデータを分析して傾向を把握します。その際に、好ましい傾向とそうでない傾向に振り分けて、問題把握がしやすくなるように心がけましょう。

　たとえば、以下のような整理を行います。
　・財務諸表
　　「1．まず方針を決定する」で把握した事象の裏づけとなるような情報を抽出する。

・マーケット情報

　時系列で顧客や売上の推移を視覚化して読み取る。

・社内情報

　人員配置から業務の実態を推測する。

② **定性情報の分析**

　定量情報（SWOT分析など）から判明した傾向の事実確認や背景情報を整理します。

　可能であれば、判明した傾向を一覧表に列記し、その1つ1つの傾向に対して、確認された事実関係や背景情報を、その隣に列記していくとわかりやすいと思います。

（2）　問題の構造化

① **問題の分類**

　上記の判明した傾向とその原因等の一覧から、まず何から手をつけるかの優先順位づけをします。これまでバラバラであった問題をグループ化するなどして、問題を構造化していきます。

　以下のような視点から、把握した問題を分類し、その本質を明らかにします。

・同じ原因で生じた問題はあるか？

・同じ結果を引き起こす問題はあるか？

・一連のメカニズムの中で起きる問題はあるか？

・その他、同じタイミング、同じ場所などで生じる問題はあるか？

② **因果関係の分析**

　分類した問題が、相互に関連しあっている場合もあり得ます。もしそのようなことが判明した場合には、施策を検討する際に、その周辺情報も含めて

参考にできるように関連する内容も一緒に記録しておくようにします。

（3） シナリオの作成

① シナリオ検討の視点

　ここまでで整理した問題について、バランス・スコアカードを用いて整理していきます。バランス・スコアカードを用いるのは、設定した目標を達成するための一連のプロセスとして視覚化することができるためです。

　バランス・スコアカードでは、以下の4つの視点から、問題解決のシナリオを描いていきます。

- ・財務の視点

　　設定した目標をもとに、最終ゴールを設定します。

- ・顧客の視点

　　顧客に対して起こすべき具体的な変化を明らかにします。

- ・業務プロセスの視点

　　業務改善の結果として実現すべき成果を明らかにします。

- ・学習と成長の視点

　　すべての前提となる組織変革と人材育成の課題を定めます。

② シナリオの表現

　シナリオ記載の注意点ですが、それぞれ4つの視点から「起こすべき変化」を記載するようにします。そのため、文章表現としては、「〜を〜する」という表現に統一しましょう。

図表34 戦略マップによるシナリオの描写例

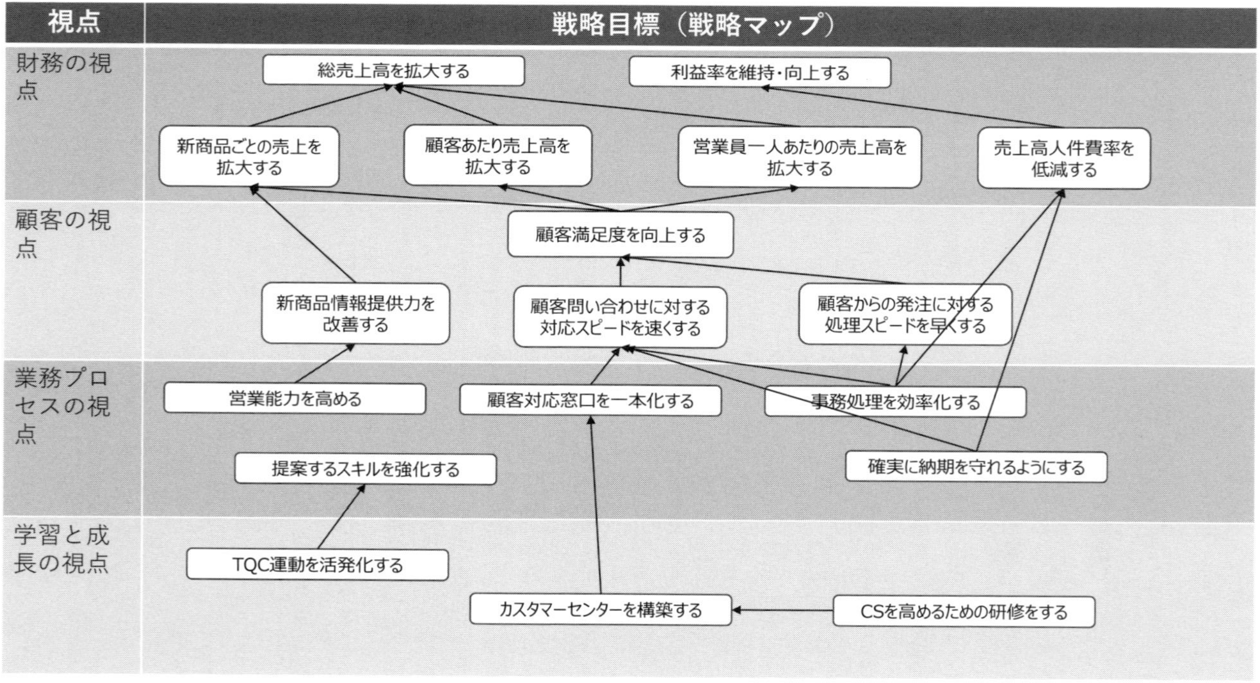

戦略目標（戦略マップ）

視点	
財務の視点	売上高人件費率を低減する
	利益率を維持・向上する
	営業員一人あたりの売上高を拡大する
	顧客あたりの売上高を拡大する
	総売上高を拡大する
	新商品ごとの売上を拡大する
顧客の視点	顧客満足度を向上する
	新商品情報提供力を改善する
業務プロセスの視点	顧客からの発注に対する処理スピードを早くする
	事務処理を効率化する
	確実に納期を守れるようにする
	顧客問い合わせに対する対応スピードを速くする
	顧客対応窓口を一本化する
	営業能力を高める
	提案するスキルを強化する
学習と成長の視点	CSを高めるための研修をする
	カスタマーセンターを構築する
	TQC運動を活発化する

124

改善提案を作成する

（1） KPI を決定する

① KPI の設定

せっかくシナリオを描けても、絵に描いた餅になってしまっては意味があ
りません。ここでは、シナリオの実現状態を確認するための指標として、
KPI の設定をします。

KPI とは、Key Performance Indicator の略で、重要業績評価指標のことをい
います。KPI はバランス・スコアカードにおいて、目標が達成できたかどう
かを評価するための指標です。

目標達成の進捗状況を客観的に把握していくためにも有効に用いることが
できます。KPI の設定にあたっては、各戦略目標について、その達成状況を
もっともよく表す最小限の指標を選択します。

② KPI の要件

定める KPI は主に以下の要件を満たしている必要があります。

・網羅性

シナリオの実現状況を十分に把握できる指標となっていることが必要
です。完全に網羅的である必要はありませんが、重要な変化を確実に
捕捉できるように定める必要があります。

・実用性

自社の管理レベルで把握可能でなければならず、定めた KPI のデー
タを収集したり、管理したりするための手間が実務上で許容できる範
囲でなければなりません。

・適時性

シナリオの実現状況の変化を、適切なタイミングで把握できることが

必要です。

以下に、各視点における KPI の例を示します。

【財務の視点】

ROA（総資本利益率）	総資本回転率
ROE（自己資本利益率）	自己資本回転率
売上高総利益率（売上原価率）	棚卸資産回転率
売上高営業利益率	売掛債権回転率
売上高経常利益率	仕入債務回転率
売上高当期利益率	損益分岐点比率（安全余裕率）
自己資本比率	労働生産性
固定比率	労働装備率
固定長期適合率	株価
流動比率	配当
当座比率	経済付加価値（EVA）

【顧客の視点】

新規顧客獲得率（数）	サイトアクセス数
既存顧客喪失率（数）	Web 上の情報量（更新頻度）
リピート率	会員総数（顧客リスト数）
DM ヒット率	会員増加率／離反率
接客態度（覆面調査やアンケート点数など）	紹介受注比率
来店客数	客単価
滞店時間	コールセンター問合せ件数
営業時間	商品カタログ請求件数
返品率（数）	在庫欠品率
クレーム件数	配送リードタイム
顧客接客時間	アンケート回収率

【業務プロセスの視点】

単位時間当たり処理件数	歩留率
1人当たり処理件数	作業ミス発生率（数）
1件当たり処理時間	納期遅延率（数）
担当者数	労働災害発生件数
作業工程数	作業環境測定結果
総労働時間	1人当たり作業スペース
時間外労働時間	1件当たり配送コスト
会議時間比率	段取り時間比率
リモートワーク普及率	業務アウトソーシング比率
オンライン・レスポンスタイム	直接／間接作業時間比率
オンライン停止時間	機械装置稼働率

【学習と成長の視点】

1人当たり教育予算	改善提案件数
1人当たり研修受講時間	女性管理職比率
各種試験合格率（合格者数）	平均年齢
勉強会開催件数	定着率（平均勤続年数）
論文発表数	有給休暇取得率
特許出願件数	社員満足度調査点数
資料室充実度	給与水準
研究開発費率	面談時間
QCサークル数	従業員最終学歴
取引先件数	内部通報件数
TOEIC平均点数	中途採用者比率

（2） 改善効果を見積もる

① 改善効果の考え方

　とにかくゴールに向かってシナリオを実行すればいいかといえば、なかなかそういうわけにもいきません。そのシナリオを実現した場合にもたらされる効果もしっかりと示さなければならないからです。

シナリオ実行による改善効果は、以下のような視点で見積もります。

・積極的効果

　売上の増大、原価の低減などのように直接目に見える効果を見積もる。

・消極的効果

　欠品による機会損失のような間接的な効果を見積もる。

・定性的な効果

　社員のモチベーション向上のように目には見えにくい効果も見積もる。

②　改善効果と時間

　その改善の実現時期によって効果の大きさも変わります。単純な金銭的な価値だけを比較した場合であっても、遠い未来と現在とでは、もし金額が同じであるならば後者のほうが価値が高いといえます。

　改善効果の計算にあたっては、このように時間がもたらす価値の影響も考慮して見積もらなければなりません。

（3）　リスクを抽出し、その対策も考える

①　リスク発見の方法

　最後に、シナリオの実現を阻害するリスク要因についても整理しておきましょう。リスクを発見することはとても大切なことですが、ただリスクを羅列するのではなく、リスクに対応する対策も併せて提示できるようにしておかなければなりません。

　このプロセスを行わないと、思いもよらぬリスクに直面することもあります。手を抜かずにしっかりとリスク要因の抽出と対応策の検討を行わなければなりません。

　リスク要因の発見には、主に以下のような方法が知られています。

・分析による方法

　財務諸表、業務規程、各種記録等の情報を分析する方法。

・潜在的問題分析法

PPA とも呼ばれ、ブレインストーミング的にリスクを探る方法。

・シナリオ法

変化の結果に関するシナリオを作成して、リスクの大きさを見積もる方法。

・アンケート法

熟練者等にアンケート（またはヒアリング）をすることで、リスクを予想する方法。

② リスク評価の方法

たいていのケースにおいて、想定されるすべてのリスクに対策を施すことは不可能といえます。そのため、いかに重要なリスクを発見して、優先的に対策を準備するかが重要となります。

リスクを評価するための方法には、縦軸に「影響の大きさ」、横軸に「発生の頻度」をとるリスクマップが知られています。定性的な評価とはなりますが、視覚的にも整理しやすく、議論も行いやすいので、発見したリスク要因をリスクマップに落とし込むことをお勧めします。

③ リスク対策のまとめ方

リスクを適切にマネジメントするためには、各リスクを具体的に定義し、それを関係者の間で共通認識としなければなりません。そのためには、リスクの内容を正しい日本語で定義し、しっかりと文書化しておくことが有効です。なお、書面に落とし込む際に盛り込むべき内容には以下のようなものがあります。

・リスクの概要

どのような条件下で、どのような事象が起きるのか。

・シナリオ実現に与える影響

図表35　リスクマップによるリスクの評価

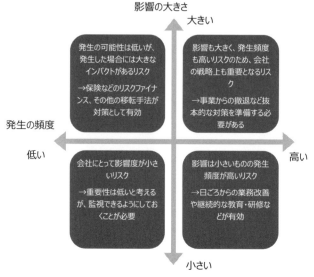

・そのリスクが現実のものとなる可能性
・リスク対策の概要
　どのような手を打っておくべきであるか、リスクが顕在化した時の対
　応策。

④ 改善提案の実施

　これまでの検討結果を踏まえて、いよいよ提案に入ります。検討した内容
を整理して取りまとめ、提案書に仕立て上げます。
　提案書に盛り込むべき必須項目は以下になります。
　・現状認識と改善の方針
　　現状分析、目標設定、基本方針をまとめて提示します。
　・問題分析の結果

問題の概要を説明し、その根拠情報を示しつつ、問題の所在を明らかにします。

・提案内容

なぜこの改善が必要なのかを説明します。

この提案を実施することによってどのような経営の変化があるのかも示します。

さらに、改善の効果とリスク対策も併せて示します。

・改善のシナリオ

各要素がどのように相互に関係しているのかを示しつつ、提案の施策には実効性があることを示します。

提案のための資料ができたら、いよいよプレゼンテーションです。プレゼンテーションをする際の留意点を以下に示します。

・提案内容と改善効果を強く印象づける工夫をすること。

・分析結果を示す際は、提案の納得感を高める目的で行うこと。

・シナリオを示すことで、提案内容の実効性を強調すること。

・リスクを併せて示す際は、その対策の万全さも示すこと。

第 6 章

....

会社に投資提案を
できるようになろう！

〜本章のポイント〜

　会社が投資判断をするにあたってはいろいろな評価
方法や意思決定方法が考えられます。ここでのポイン
トは、「投資効率」です。高いものを高く買うことは
誰にでもできますし、同様に、安いものを安く買うこ
ともまた誰にでもできます。しかし、本当に良いもの
を安く買うことは大変に難しいものです。本章では、
会社としてどの事業（製品・サービスまたは企業な
ど）に投資すべきなのかを見極める方法を体系的に学
びます。ぜひ、最小の投資資金で最大の利益貢献がで
きるような提案を行えるようになりましょう。

価値創造と経営戦略

　企業の存在意義は価値を創造することにあります。その価値創造に影響を及ぼすものが経営戦略です。この経営戦略は、企業戦略と事業戦略に分けることができます。企業戦略というのは、本社の立場から、グループ企業に関わる全社戦略のことをいいます。企業戦略はシナジー創出とポートフォリオ・マネジメントによって企業価値を創造します。

　もう１つの事業戦略は、事業会社ないし事業部が顧客から得る利益によって企業価値を創造します。

　シナジー創出とは、グループ間で協力しあうことで収益を増加させたり費用を減少させたりすることです。たとえば、グループ間で共同による新製品開発をして収益を増大させたり、部品やシステムを共通化することによって相対的に費用を抑えることが考えられます。このことは、グループ間の事業戦略を共同することで実現できるようになります。

　ポートフォリオ・マネジメントとは、グループの事業をリスクとリターンによって管理することです。収益性の高い事業はしばしばリスクが高くなる傾向にありますが、一方で、収益性の低い事業はリスクが低い可能性があります。全体として、リスクを抑えながらなるべく大きなリターンを獲得しようとするのがポートフォリオ・マネジメントです。

 PPM（プロダクト・ポートフォリオ・マネジメント）を使いこなそう

　ボストン・コンサルティング・グループは、1970年代に、企業戦略としてプロダクト・ポートフォリオ・マネジメント（Product Portfolio Management：PPM）を提案しました。この前提には、マーケティング戦略で合意された製

品サイクル理論があります。

　製品サイクル理論とは、製品事業はライフサイクルがあり、導入期、成長期、成熟期、衰退期に区分できるというものです[注1]。一方，同コンサルティング・ファームが PIMS（Profit Impact on Marketing Strategy）データベースを用いて実証分析したところ，どの業種でも製品の累積生産量が倍増すると、総原価が20%低減するという経験曲線効果が検証されています[注2]。

　筆者も実務で多くの戦略フレームワークを使用しますが、とりわけ PPM は非常に使い勝手がよく、かつ効果の実証されているフレームワークです。

（注1）ライフサイクルに応じたマネジメントの進め方について、企業文化とリーダーシップが関わるという論文が Koplyay et al.（2013）から提出されています。その根拠は、著者たちの200以上のケースで検証した結果です。導入期は製品イノベーションに、成長期はマーケティング・イノベーションに、成熟期はプロセス・イノベーションに、下降期は財務イノベーションに焦点を当てる必要があるとのこと。これに応じたリーダーシップと企業文化を構築すべきことが示唆されています。

（注2）PPM が考え出された理論的根拠として製品ライフサイクル理論と経験曲線効果を売上、利益、マーケットシェア、キャッシュフローの関係でわかりやすくした概念があります。

　製品ライフサイクル理論と経験曲線効果の下で、ボストン・コンサルティング・グループは、グループ全体の資源配分をすべきであるという PPM を提案しました。従来の資源配分は、事業の収益性の高い事業に多くの資源配分をして、収益性の低い事業に少しの資源配分しかしないというものです。

　そのため、将来性のある事業に資源配分できないという課題がありました。そこで製品事業全体を鳥瞰して、全社的に資源配分すべきであるというのが PPM です。

　PPM では、市場成長率とマーケットシェアによって４つの象限に区分し

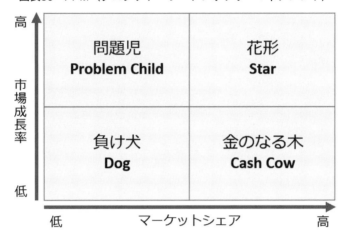

図表36　PPM（プロダクト・ポートフォリオ・マネジメント）

ます。この PPM を図示すると**図表36**となります。

　導入期の製品事業は「問題児」と呼ばれており、成長率は高いがマーケットシェアが低い事業となります。この事業は、収入はまだあまりないのに研究開発に多額の資金を必要とします。

　成長期の製品事業は「花形」と呼ばれており、成長率が高く、マーケットシェアも高い事業です。市場の成長は著しい一方で、競争が激しい市場となります。競争に勝つためには、開発費や設備投資などの多額の追加投資が必要となります。

　成熟期の製品事業は「金のなる木」と呼ばれており、成長率は低下してきている一方で、マーケットシェアは高く、多額のキャッシュを得ることのできる市場のことです。成熟期のため追加投資はそれほど必要としません。

　衰退期の製品事業は「負け犬」と呼ばれており、成長率が落ちてきて、マーケットシェアも低くなっている事業のことです。このカテゴリーに属することのわかった事業からは、できるだけ速やかに撤退を検討すべきといわれます。

このPPMは理論と実証分析を兼ね備えており、かつ資源配分に大変に効果的なフレームワークです。しかしながら、実務上では、いくつかの課題もあります。

　1つめは、製品事業の市場とは何かが不明確なことです。たとえば、100円ライターはライター市場ととらえるべきか、粗品市場ととらえるべきかの明確な根拠はありません。そのため、成長率は売上高成長率で、マーケットシェアは投資利益率で代用すべきではないかという提案もあります。

　2つめは、4象限を区分する閾値の値が不明確だということです。つまり、成長率と投資利益率の値がどのようなときに低く、どのようなときに高いといえるのかが判然としません。

　3つめは、事業部間が独立している場合には問題ありませんが、相互に関連しているような場合には、単純にPPMによって資源配分することができなくなってしまう点です。なぜならば、相互関連する事業間ではシナジー効果を考える必要があるからです。しかしながら、PPMとシナジー創出をどのように組み合わせるべきかについては、学術研究の世界でもほとんど研究が進んでいないというのが実態です[注3]。

（注3）PPMとシナジー創出に関する研究には、Kaplan（2001）の研究があります。

　4つめは、製品ライフサイクルが、必ずしも導入期→成長期→成熟期→衰退期と順に推移するとは限らないことです。新たなイノベーションによって、成熟期の製品事業が導入期に戻ったり、成長期と思っていた製品事業が衰退期になってしまうこともあるからです。

　5つめは、製品事業に負け犬というラベルを貼ってしまうことで、その事業に従事する従業員のモチベーションが減退してしまうことです。つまり、衰退事業となったとたんに資源配分されなくなるだけではなく、そのことで研究開発が中止され、設備の更新もできなくなってしまいます。その結果と

して、その事業をさらに衰退させてしまうことになります。企業の中には、このような事例が山積しているところも少なくありません^(注4)。

（注4）たとえば、ソニーが開発したトリニトロン技術はブラウン管革命としてもてはやされましたが、2000年にピークとなり、2006年には国内生産を中止しました。ブラウン管としてはトリニトロンは優れていましたが、シャープが開発した液晶技術がブラウン管を必要としないことから、薄型テレビの開発ができるようになり、トリニトロン事業そのものが頓挫してしまいました。1970年代にVHSとβ戦争といわれた技術のβはビデオデッキ市場からは追いやられましたが、ビデオカメラにβテープを使うことで撤退を免れました。また、花王は1980年代後半に界面活性剤技術を使って開発したフロッピー事業が収益の柱となっていました。ところが、96年にはCD-ROMがフロッピー事業に台頭したために、花王はしだいに採算が取れなくなり、98年に撤退してしまいました。

ここで、負け犬事業が復活した例を1つ紹介しておきます。日本企業で赤字事業の対処を検討すると、いろいろなしがらみがあってなかなか撤退できないというのが実情ではないかと思います。キリンビールが1990年代に事業部制を導入しようと決意した理由は、赤字事業を撤退させるためのルールづくりです。つまり事業部に社内資本金を設定し、これを食いつぶしたら撤退というルールにしたのです。撤退をルール化しないと赤字を垂れ流してしまうからです。その撤退とのレッテルを貼られた事業はいまでは協和キリンとして有望株に成長しています^(注5)。

（注5）キリンビールの医薬研究部門は、1990年代に腫瘍性骨軟化症の原因遺伝子を探す研究に着手しました。しかし成果はなかなか出ず、プロフィットセンター事業部として成果を求められましたが、うまくいきませんでした。その後、キリンファーマとして切り出された後、2008年に協和発酵と

統合しました。そして現在、協和キリンは20年の研究を経て、クリース
ビータを2018年に米国で承認を取得し、業績をけん引しています。

6つめに、衰退期の製品事業だからといって収益性がないわけではなく、
新規事業を開発するリスクや資源配分を考えたら、衰退事業を続けるほうが
収益性が高くなるケースが多いことです。

 ## PPM 理論を加工する

（1）　修正 PPM フレーム

　PPM の市場成長率とマーケットシェアの代わりに、ここでは売上高成長率
と投資利益率（Return On Invested Capital：ROIC）を用いる方法を紹介します。
　従来の PPM では、縦軸に「市場成長率」、横軸に「マーケットシェア」を
とります。しかし、これらのデータは通常の財務諸表からは得られないため
に、別途データを収集して分析をする必要が生じます。しかし、縦軸に「売
上高成長率」、横軸に「投資利益率」をとれば、すべてのデータは財務諸表
から取得することが可能になります[注1]。
　そして、詳しくはこの後説明しますが、縦軸の売上高成長率は、その事業
（または製品・サービス、および子会社など）が成長しているのかどうかを
見るための代理指標、横軸の投資利益率は、その事業（または製品・サービ
ス、および子会社など）がキャッシュを生んでいるのかどうかの代理指標と
なります。
　この2つをうまく使うことで、本当に投資するべき企業、事業、製品・
サービスを見つけることができるようになります。
　まず、このフレームワークを**図表37**に示します。
　ここでは、便宜上、売上高成長率の閾値を 0 ％、投資利益率の閾値を
WACC[注2] としています。筆者の経験では、このフレームが最も使いやす

図表37　新PPMフレーム

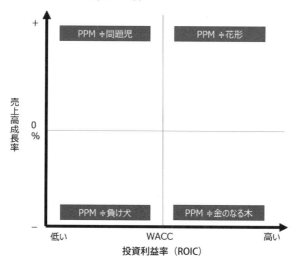

いためです（しかしながら、慣れてきたら読者自身が改編して使用しても構いません）。

なお、従来のPPMとの対応関係がわかりやすいように、PPMでいうところの「花形」「金のなる木」「問題児」「負け犬」も併記しておきます。

（注1）売上高成長率と投資利益率は以下の式で算出します。
　　　・売上高成長率＝（当期売上高－前期売上高）÷前期売上高
　　　・投資利益率＝営業利益÷使用資本
（注2）WACCとは、会社の資金調達に伴うコスト（費用）のことで、銀行への利子、社債権者への利回り、株主への配当などにあたり「加重平均資本コスト」とも呼ばれています。本章では、この費用を上回っていれば事業としてキャッシュを生んでいると解釈します。なお、WACCの計算式は、以下のようになります。

$$\text{WACC} = r_E \times \frac{E}{E+D} + r_D(1-T_C) \times \frac{D}{E+D}$$

r_E：株主資本コスト

r_D：負債コスト

E：株主資本

D：負債

T_C：実効税率

（2） 修正PPMを時系列でみる

　PPMの有効な使い方の1つが時系列でみることです。現状をPPMのマトリックスにプロットするだけで判断しようとする人もいますが、時系列を追うことこそ本当のPPMの活用方法だと筆者は思っています。

　1つの例として、PPMで「負け犬」に分類される事業（製品でもサービスでも、買収候補先企業でも考え方は同じです）を考えてみます。

　たとえば、**図表38**のように、時系列で見ると「問題児」から「負け犬」に移行してきた事業だということがわかったとします。この原因はいろいろと考えられますが、たとえば、市場導入期の事業であれば多少利益を犠牲にしてでもシェアを取りにいくこともあるため、その場合には、売上高成長率が大きくなる傾向があります。その一方で、利益は出ていないため、図表38でいえば左上の「問題児」にプロットされることになります。しかし、ある一定のシェアを獲得した後であれば、今度は多少売上高の成長率を犠牲にしても利益を獲得しにいくということもあるでしょう。その場合には、左下象限の「負け犬」に移行することになります。

　しかし、ここで「負け犬」に分類されたからといって、この事業は撤退を検討するべき事業なのかといえば、おそらくそうではないと考えます。売上高成長率を下げてでも利益を獲得しにいっていますので、いずれ利益率がWACCを超えてくれば、右下の「金のなる木」の領域に移行してくるはずです。そして、さらにもし効果的なシステム投資や人材確保などを行うこと

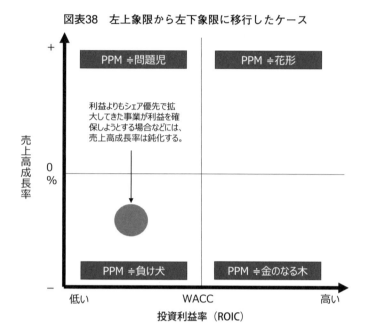

図表38　左上象限から左下象限に移行したケース

＋

PPM ≒問題児　　　　PPM ≒花形

利益よりもシェア優先で拡
大してきた事業が利益を確
保しようとする場合などには、
売上高成長率は鈍化する。

売上高成長率

0
％

PPM ≒負け犬　　　　PPM ≒金のなる木

－

低い　　　　　　WACC　　　　高い

投資利益率（ROIC）

　ができれば、再び売上高成長率もプラスに転じるはずですので、右上の「花
形」に移行するかもしれません。このように考えた場合には、この「負け
犬」事業は撤退するどころか、積極的に投資を加速させて成長させていくべ
き事業ということになります。

　一方で、**図表39**のように、時系列で見ると「花形」から「負け犬」に移
行していることがわかったとします。この場合には、積極的に投資するべき
でしょうか。これにもいろいろな原因が考えられますが、この事業自体がす
でに衰退期に入ったとも考えられるのではないでしょうか。それでは、こち
らの「負け犬」に分類された事業には積極的に投資をするべきでしょうか。
もちろん、衰退期に入った事業であっても積極的に投資をすることはありま
す。しかし、もし図表38の事業と図表39の事業のどちらかに投資をするとし
たならば、図表38の事業に投資するほうが効率的であるというような判断を
下すことができるようになります。

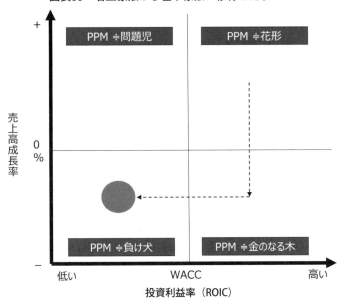

図表39　右上象限から左下象限に移行したケース

ここで見たように、修正 PPM のフレームを使って、評価対象の事業（製品、サービス、企業なども同様）を時系列でプロットしてみるだけで、これから成長に向かう可能性が高い事業であるのか、衰退に向かう可能性が高い事業であるのかをある程度判断できるようになります。

（3）　修正 PPM を象限でみる

それでは象限の違いによる判断の違いを見てみます。ここでは説明を簡略化するために、思い切ってある事業を行っている企業を買収する場合を考えてみます（製品、サービスや自社の保有する事業であっても基本的な考え方は同じです）。

世の中には、同じような事業を行っている会社は非常にたくさんあります。図表40の A 社と B 社も同じような事業を行っており、同じような規模の会社だったとします。それにもかかわらず、A 社は「花形」に分類され、

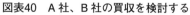

図表40　A社、B社の買収を検討する

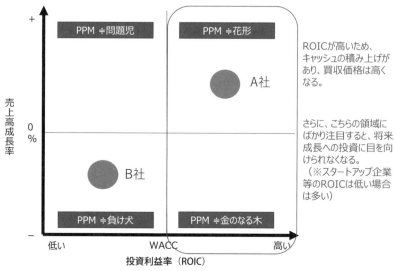

一方のB社は「負け犬」に分類されたとします（実はこのようなことはよく起こります）。

　ここで考えてみていただきたいのは、買収に必要となる資金です。もし資金が潤沢にあるのであれば、A社を買収するという判断もあり得るでしょう。しかし、たいていの会社ではそのように潤沢な資金があるわけではありません。図表40の構造を見ていただくとわかりますが、右側の象限に位置している企業というのは、キャッシュの積み上げがあるために、買収する際の企業価値が非常に高額になる傾向があります。

　一方、図表40の左側の象限に位置している企業というのは、収益率がWACCを下回っているために、非常に安く企業価値が算定されることが多いのです。同じような規模で同じような事業をしているにもかかわらず、A社が1億円の価値だとすると、B社は100万円といったように、100倍くらいの開きが生じることも十分にあり得ます。

このときに、無理をして A 社を買収するというのも 1 つの方法であると
は思うものの、B 社を買収してなんとか右側の象限に移行させるような施策
を実行するほうが、資金効率という意味においては非常に効率のよい投資に
なると考えられます（さらに付言すれば、A 社はこれから衰退に向かう可能
性すらあります）。

（4）　修正 PPM を全体でみる

ここまでは個別の事業の評価について見てきました。

従来の PPM は、製品ライフサイクルを全体にした資源配分であるのに対
して、ここで紹介した修正 PPM は、価値創造の仕方を考えています。した
がって、そのマネジメントの仕方も、第 2 象限（左上）の事業を第 3 象限
（左下）に、そして第 4 象限（右下）を第 1 象限（右上）へと育てていくと
いう考え方を説明しました。この点では、従来の PPM が全社的な資源配分
を考えるためのものであることに照らせば、修正 PPM では事業をどのよう
に育成していくかというアプローチになっているということです。

しかし、読者の会社の中には、すでに複数の事業を持っている場合もある
でしょう。そのような場合には、従来の PPM の考え方も加味すれば、会社
全体としては、すべての象限に事業を持つことが大切です。

なぜならば、ポートフォリオ・マネジメントの神髄は複数の事業を持つこ
とによるリスク分散にあるからです。「花形」や「金のなる木」の事業だけ
を持っていては、将来性がなくなってしまう可能性が高くなります。一方
で、「問題児」の事業ばかりを持っていては資金倒れになってしまうでしょ
う。また、「負け犬」の事業は、将来への危機を一番感じているため、イノ
ベーションが期待できる投資があれば資金を手当てして他の領域へと移行さ
せることも可能なはずです。

要するに、すべての象限に事業を持つことで短期と長期のバランスをとり
ながら、かつキャッシュバランスも図る必要があります。

修正 PPM を使いこなして会社を成長に導く

　ポートフォリオ・マネジメントで考えるべきことは、特定の事業の育成プロセスを管理するだけではなく、保有する事業（製品やサービスなども含む）がすべての象限にあり、バランスがとれていることが必要です。そのためには、保有する事業（製品の場合には製品、サービスの場合にはサービス、子会社の場合には子会社）をすべてプロットしてみる必要があります。

　ここで、4つの象限に事業を持たなかったための失敗事例を1つ紹介します。

　液晶テレビで有名であったシャープは、亀山工場で液晶事業を開発し生産・販売を行っていました（亀山モデルとしてよく知られています）。液晶を他社に販売するとともに、その多くは自社のエレクトロニクス事業の製品にも取り入れられていました。亀山工場で生産していたときはうまくいっており、シャープの稼ぎ頭であったことは周知のとおりです。

　ところが、2007年に大阪堺にパネル工場建設が決まりました。2010年の稼働に向けて約3,800億円の投資が必要な事業計画でした。しかし、その後経営不振に陥り、業績が悪化していきました。そして2016年には台湾の鴻海グループの傘下となってしまいました。PPM の観点からこの事例を顧みれば、液晶事業とエレクトロニクス事業の資金バランスが経営を悪化させてしまったとみることもできるのです。

　PPM には、先に述べたとおりいくつかの限界があるため、本章では修正を加えた PPM を用いて解説しました。修正 PPM では、事業ごと（商品ごと・サービスごと）に育成の仕方を整理することで価値を高めることを目指しています。企業の目的は、価値を創造することですので、事業（商品・サービス・子会社など）をそれぞれ育成していけば、グループ全体としての

価値を最大化させることができます。

　ある会社では、すべての事業が第1象限（高い投資利益率、高い売上高成長率）に到達していたということもあります。この場合には、現状ではすぐれた事業であったとしても、将来的に成長させていくべき事業の芽がないということでもあります。ややもすれば各事業の管理が短期志向に陥ってしまうことでしょう。PPMで整理したときに、すべての象限に事業を保有していることが大変に重要になります。そのためには、他の象限（問題児の事業など）にも投資をしていく必要があります。

　そのうえで、すべての象限の事業を、右上の第1象限に推移していくようにマネジメントしていく必要があります。

第 **7** 章

投資を実行できる
ようになろう！

〜本章のポイント〜

　前章では、会社に対して投資提案をするための投資
対象の選定方法について学習しました。本章では、選
定した投資対象に対して具体的に投資を実行する場合
の手順や方法を見ていきます。企業への投資方法にも
さまざまな方法があり、また投資先企業との協業・提
携の仕方にもさまざまあります。それぞれのメリッ
ト・デメリットをしっかりと押さえておくようにしま
しょう。

1 一般的な M&A の範囲

　一般的に他社と事業提携する場合には、資本関係を持つ場合と持たない場合に分かれます。資本関係を持たないものは、いわゆるアライアンスといわれるものになります。一方、資本関係を持つ場合には、大きく分けて、「株式持合」「株式一部所有」「株式過半数所有」「株式完全所有」に分かれます。この中で M&A といわれる範囲は、相手企業の株式を所有することを指しますので、「株式一部所有」「株式過半数所有」「株式完全所有」になります（**図表41**参照）。

　株式一部所有には、共同出資による合弁企業の設立やマイノリティ出資による資本提携があります。株式の過半数所有には、子会社化や共同出資による合弁企業の設立があり、株式の完全所有には、完全子会社化や事業譲渡があります。

　企業はなぜ M&A を行うのかといえば、以下のメリットを得ることができるからです。

　1つは、企業がすでにある事業を買うことによって得られる「時間節約の効果」です。M&A を行えば、自前でゼロから事業をスタートさせることに比べて、必要な経営資源をすばやく確保することができます。2つ目は、「水平的統合の効果」です。同一業種の競合他社を買うことによって、スケールメリットを生かして、コスト面などでの優位性を築くことができます。これは成熟産業に多く見られるケースです。3つ目が「垂直的統合の効果」です。川上部門への進出や川下部門への進出をすることによって、自社のコントロールの及ぶ範囲を広げて、他社に対しての優位性を確保することができます。

　なお、買収される側の企業にも一定の事情がある場合もあります。たとえば、所有者（企業オーナー）がリタイアをする場合や、当該企業（または企

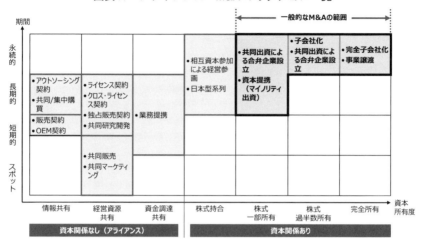

図表41　アライアンス・M&A のオプション一覧

期間	情報共有	経営資源共有	資金調達共有	株式持合	株式一部所有	株式過半数所有	完全所有	資本所有度
					一般的なM&Aの範囲			
永続的　長期的	・アウトソーシング契約 ・共同/集中購買 ・販売契約 ・OEM契約	・ライセンス契約 ・クロス・ライセンス契約 ・独占販売契約 ・共同研究開発	・業務提携	・相互資本参加による経営参画 ・日本型系列	・共同出資による合弁企業設立 ・資本提携（マイノリティ出資）	・子会社化 ・共同出資による合弁企業設立	・完全子会社化 ・事業譲渡	
短期的　スポット		・共同販売 ・共同マーケティング						
	資本関係なし（アライアンス）			資本関係あり				

業の一部である事業）を売却することで別の事業を立ち上げたい場合、またはさらなる成長戦略を実現するために必要な資金を他の手段によっては十分に調達できない場合などが考えられます。

 ## M&A のスキーム

　M&A といえば、一般には会社を現金で買うイメージがあるかもしれません。確かに、買収する側もされる側も現金による買収がもっともシンプルでわかりやすいといえます。しかし、必ずしも買収は現金だけで行われるわけではありませんので、ここで M&A のスキームについても詳しく見ていくことにします。

　M&A のスキームには、大きく分けて、「現金による買収」と「株式による買収」があります（**図表42**参照）。

　現金による買収の中にも、株式譲渡（現金を対価に売り手の会社の株式を取得する）、事業譲渡（現金を対価に売り手の事業を取得する）、第三者割当

増資（売り手の会社の新たな出資者として増資に応じる）があります。

　株式による買収の中には、株式交換（自社の株式と売り手の会社の株式を交換する）、吸収分割（自社の株式と売り手の事業を交換する）、吸収合併（自社の株式を売り手に渡し、売り手の会社を自社に吸収する）、共同株式移転（持株会社を作り、自社と売り手の会社の株式を交換することで、最終的に自社と売り手の会社を傘下にする）があります。

　そして、現金による買収と株式による買収の中間的な位置づけとして、合弁会社設立（合弁会社を売り手とともに設立し、自社と売り手子会社の資産をその合弁会社に移転する）があります。この場合には、出資する際に最低限の運転資金として必要な現金を用意することが必要になります。

図表42　M&A のスキーム一覧

対価	対応スキーム	獲得対象	概要
現金	株式譲渡	会社	現金を対価に売り手の子会社の株式を取得する
現金	事業譲渡	事業	現金を対価に売り手の事業を取得する
現金	第三者割当増資	会社	売り手の子会社の新たな出資者として増資に応じる
	合弁会社設立	事業	合弁会社を売り手と設立し、自社と売り手子会社の資産をその合弁会社に移転する
株式	株式交換	会社	自社の株式と売り手の会社の株式を交換する
株式	吸収分割	事業	自社の株式と売り手の事業を交換する
株式	吸収合併	会社	自社の株式を売り手に渡し、売り手の会社を自社に吸収する
株式	共同株式移転	会社	持株会社を作り、自社と売り手の会社の株式を交換することで、最終的に自社と売り手の会社を傘下にする

資金調達の必要あり ↑ ↓

資金調達の必要なし ↑ ↓

③ それぞれの M&A スキームの主要なメリット・デメリット

　ここではそれぞれの M&A スキームのメリットとデメリットを整理します。本節では、それぞれのスキームにおけるメリットとデメリットをしっかりと押さえるようにしてください。

　一般的には、現金が対価となるスキームは、プロセスがシンプルであり、相手側からも好まれるスキームといえます。一方で、合弁会社の設立や自社株式との株式交換を行うスキームでは、相手側へのデメリットもあり、M&A の提案をする際には慎重に検討を進める必要があります。

（1）　「現金が対価」の場合
① 　買い手側企業にとってのメリット
   - ・買収後に買い手に対して売り手側企業に影響力を持たれることがない
   - ・売却のプロセスが株式交換や合併に比べてシンプルである
② 　買い手側企業にとってのデメリット
   - ・買収資金を調達しなければならない
③ 　売り手側企業にとってのメリット
   - ・現金を獲得することができる
   - ・売却のプロセスが株式交換や合併に比べてシンプルである
   - ・一定程度、持分を保有し続ければ、会社に対して一定程度の影響力を保持できる
④ 　売り手側企業にとってのデメリット
   - ・株式をすべて手放してしまった場合、会社に対して影響力を発揮することが難しい

（2）「合弁会社設立」の場合

① 買い手側企業にとってのメリット

・買い手側が合弁会社（JV：Joint Venture）に対して過半出資していれば、買い手側が主導権を握ることができる

・株式譲渡に比較すると初期に必要な資金を抑えられる可能性がある

・JV設立によりシナジーが生まれれば、連結でそのシナジーを取り込むことができる

② 買い手側企業にとってのデメリット

・売り手側の事業すべてを連結対象にはできず、すべての粗利や営業利益を取り込むことはできない

・買い手側が過半出資するためには、その正当性について交渉する必要がある

・運転資本など一定程度は現金をJVに入れておく必要がある

③ 売り手側企業にとってのメリット

・JVに移す事業や資産と買い手側の商流などを組み合わせることでシナジーが生まれれば、結果として対象事業での純利益への貢献が大きくなる

④ 売り手側企業にとってのデメリット

・買い手側が過半出資する場合には、売り手側にとってJVは連結対象にならず、粗利や営業利益のすべてを取り込むことができない

・JVの事業運営にあたっては過半出資する買い手側に主導権がある

（3）「株式が対価」の場合

① 買い手側企業にとってのメリット

・買収資金の調達が少なくて済む

・売り手側が買い手側の株式を保有することにより、買い手側のメリットになるような行動をとるインセンティブが売り手側にも働く（売り

手側は買い手側の競合企業とは提携をしないなど）

② **買い手側企業にとってのデメリット**
- 売り手側が買い手側の株式を保有することになり、一定程度の影響力を持たれることになる
- 買い手側の株式価値を算定することが必要となり、買収のプロセスが複雑になる

③ **売り手側企業にとってのメリット**
- 買い手側の株式を一定程度保有でき、一定程度の影響力を発揮できる
- 買い手側の株式価値が上がった場合には、株式の評価益が計上できる

④ **売り手側企業にとってのデメリット**
- 買い手側の株式価値を算定する必要があり手間がかかる（特に買い手側が非上場企業である場合には算定が難しい）
- 現金を獲得することができない
- 買い手側の株式価値が毀損した場合には、減損処理の必要に迫られることもある
- 買い手側が非上場企業の場合には、流動性がないため売却が困難となる

4 それぞれの M&A スキームの詳細

ここでは、それぞれの M&A スキームの詳細を見ていくことにします。前述のメリット・デメリットの整理と合わせて理解を深めてください。

（1） 「現金が対価」の場合

現金を対価として行う M&A は、増資や借入、事業再編などによって現金を調達して、株式譲渡契約をする方法がもっともシンプルです。ここで、事業再編とは、子会社や事業を売却して資金を捻出することを指します。

そのほかには、事業だけを譲り受ける事業譲渡や、第三者割当増資といった方法もあります。

① 株式譲渡

買い手側が増資や借入などによって資金を調達し、売り手が対象会社株式を譲渡するスキームです。買い手側にとっては資金調達をどのように行うかが難しいものの、売り手にとってはプロセスがシンプルであり、一般的には好まれるスキームといえます。

② 事業譲渡

買い手側が増資や借入等を通じて資金調達し、売り手側は対象事業を子会社化して買い手側に対象事業会社の株式を売却するスキームです。

図表43　株式譲渡のスキーム

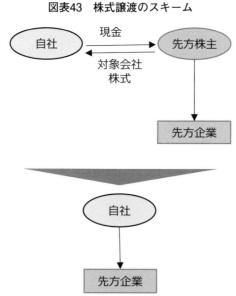

※実務を想定して、図中では、買い手側を「自社」、売り手側を「先方企業」としています。

図表44　事業譲渡のスキーム

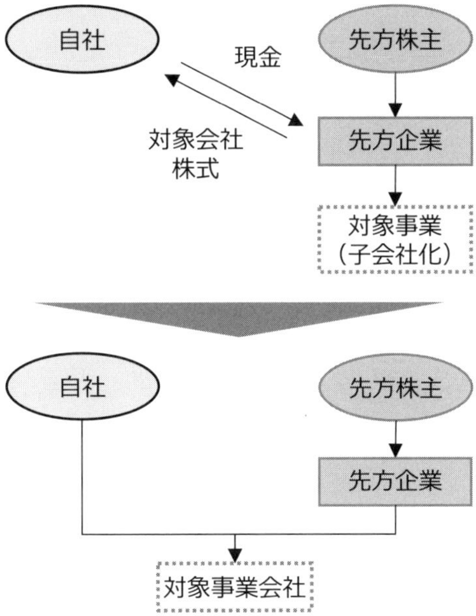

　買い手側にとっては、株式譲渡と同様に資金調達が課題になります。先方株主が保有している企業のすべてを売却する意向がない場合には、有効な提案となります。

③　第三者割当増資

　買い手側が増資や借入等を通じて資金調達し、売り手企業の増資を引き受けるスキームです。金額次第ではあるものの、買い手側が増資を引き受けることで株式の過半数を握ることも可能です。

　売り手側が成長ステージにあるなど、資金需要が旺盛な場合には受け入れられやすいスキームといえます。

図表45　第三者割当増資のスキーム

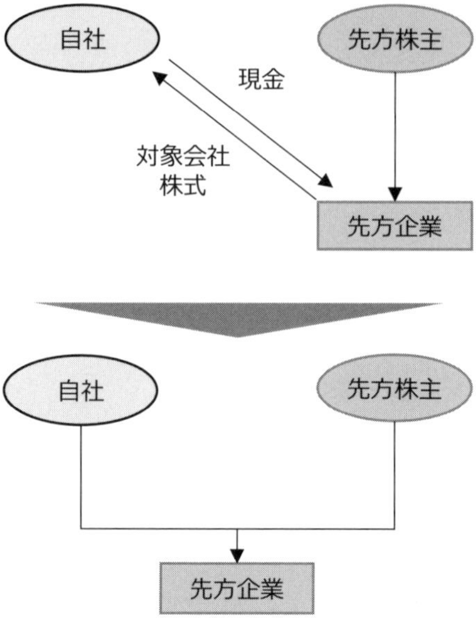

（2）「合弁会社設立」の場合

　買い手側が過半数の株式を持つ合弁会社（JV）を設立し、売り手企業とともに事業や資産を拠出するスキームであるため、株式譲渡よりも現金の拠出を少なくできる可能性があります。

　買い手側が過半出資したうえで合弁会社を設立するので、実現すれば買い手側が主導権を握りながらも売り手側の資産を活用できるため、メリットの大きなスキームとなります。

　ただし、売り手側にとっては過半出資ではないことから合弁会社を連結に取り込むことができず、かつ資産を拠出することになりますので、相当なシナジー効果が見込めなければ実現が難しいといえます。

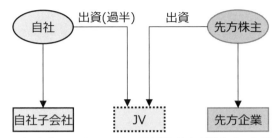

図表46　合弁会社設立のスキーム

出資(過半)　　　出資
自社　　　　　　　先方株主

自社子会社　　JV　　先方企業

※運転資本として必要な分は最低限現金を拠出する必要あり

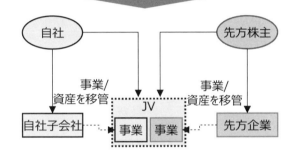

自社　　　　　　　先方株主

事業/
資産を移管　　　　事業/
　　　　　　　　　資産を移管
JV
自社子会社　　事業　事業　　先方企業

（3）「株式が対価」の場合

　株式を対価とする株式交換には、事業を切り出して子会社化をしてから行うスキームもあります。株式を対価として、一部事業のみを吸収するのが吸収分割であり、全体を吸収するのが吸収合併です。

　また、持株会社を設立して、先方株主（売り手側企業の株主）と子会社の株式を交換しあう共同株式移転というスキームもあります。

①　株式交換（子会社の株式と交換する場合）

　事業戦略上の必要性が薄い子会社などとの株式交換を行うことを目指すスキームもあります。売り手側が買い手側企業（自社）の子会社を取得することにメリットを感じるのであれば、実現の可能性があります。ただし、売り

図表47　株式交換（子会社の株式と交換する場合）のスキーム

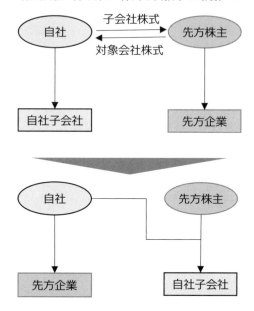

手側による自社子会社の評価が必要であり、手間もかかるため、それ相応の
ハードルがあります。さらに、自社子会社の株式流動性が低い場合には、そ
れも問題となることがあります。

②　株式交換（事業の一部を子会社化して株式交換を行う場合）

　事業戦略上の必要性の薄い事業や、保有する顧客の一部などを子会社とし
て切り出して株式交換を行うスキームです。

　売り手側が買い手側企業（自社）の事業を取得することにメリットを感じ
てくれれば、実現の可能性があります。ただし、通常の株式交換と同じよう
に、売り手側による評価が必要で手間がかかり、かつ株式の流動性が低いと
いう問題があるのは、前述の①と同じです。

図表48　株式交換（事業の一部を子会社化して株式交換を行う場合）のスキーム

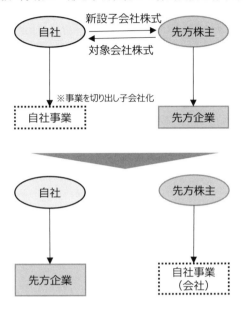

③　吸収分割

　売り手企業の一部事業のみを切り出して、売り手企業の株主（先方株主）に対価として自社子会社株式等を渡すスキームです。株主ではなく、売り手企業に対して株式を渡すことも可能です。

　先方株主や企業が会社全体ではなく、一部事業のみを自社（買い手）に対して譲渡することを検討しているのであれば有効な提案となる可能性があります。

④　吸収合併

　売り手企業を自社子会社の中に取り込んで、対価として自社子会社株式等を先方株主に渡すスキームです。

　先方株主が自社に先方企業のすべてを譲渡することを検討していれば、有効なスキームです。自社が対価として自社子会社の株式を付与するため、先

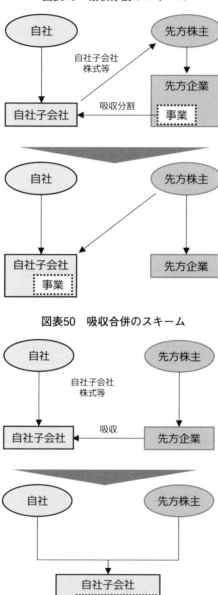

図表49　吸収分割のスキーム

図表50　吸収合併のスキーム

方株主の影響がスキーム実行後に残る点には留意が必要です。

　⑤　共同株式移転

　持株会社を設立し、自社および売り手のそれぞれの子会社と株式交換を行うスキームです。持株会社設立後にどのような持株比率にするかという点が焦点となります。双方で株式価値を算定したうえで比率を決定する必要があるため、取引に相応の時間がかかることを想定しておかなければなりません。

図表51　共同株式移転のスキーム

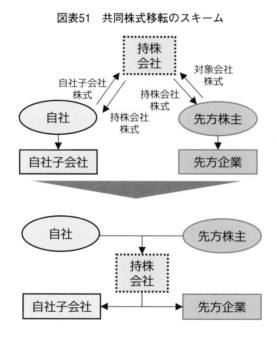

M&A プロジェクトチームの一般的な推進体制

　ここまでで、買収対象先企業の候補の絞り込みと、おおよその買収スキームを確認してきました。ここでは、実際に M&A を実行するにあたり、必要なプロジェクトチームについてみていくことにします。

　通常、M&A を行う場合には、社内の検討チームだけで実行までを行うことは困難なため、社外の専門家を交えたプロジェクトチームをつくる必要があります。

　おおよその社内検討チームの役割と社外専門家チームの役割分担や関わる社内部門と社外専門家を**図表52**にまとめました。こちらは一例ではありますが、実際にチームアップを図る際には参考になるはずです。

　なお、少し細かくはなりますが、社外専門家の FA（ファイナンシャルアドバイザー）の主な役割を以下に整理しておきます。すべてを自社で内製化して行うことは難しいため、早めに社外専門家を検討プロジェクトチームに組み込むことで効果的に実務を進めることができます。

・外部専門家のコーディネーション

　　外部専門家のチームアップ・論点整理など

・デューデリジェンス（DD）支援

　　Working Party List 作成、Q&A 取りまとめ、現地視察やマネジメント

　　インタビューのアレンジなど

・企業価値算定

　　初期的価値評価から最終的な買収価格算定までのサポート

・フェアネスオピニオン発行

　　企業価値算定とは別に対外的な開示文書として必要な場合に実施

・ストラクチャリング助言

　　税務専門家と連携しながらのサポート

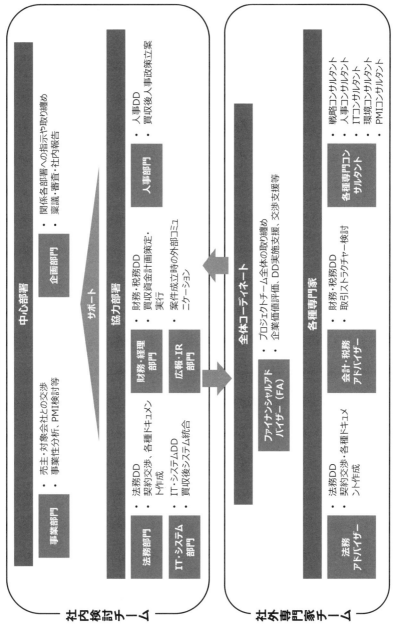

図表52　M&Aプロジェクトチームの例

社内検討チーム

中心部署

事業部門
・売主・対象会社との交渉
・事業性分析、PMI検討等

企画部門
・関係各部署への指示や取り纏め
・稟議・審査・社内報告

サポート

協力部署

法務部門
・法務DD
・契約交渉・各種ドキュメント作成

IT・システム部門
・IT・システムDD
・買収後システム統合

財務・経理部門
・財務・税務DD
・買収資金計画策定・実行

広報・IR部門
・案件成立時の外部コミュニケーション

人事部門
・人事DD
・買収後人事政策立案

社外専門家チーム

全体コーディネート

ファイナンシャルアドバイザー（FA）
・プロジェクトチーム全体の取り纏め
・企業価値評価、DD実施支援、交渉支援等

各種専門家

法務アドバイザー
・法務DD
・契約交渉・各種ドキュメント作成

会計・税務アドバイザー
・財務・税務DD
・取引ストラクチャー検討

各種専門コンサルタント
・戦略コンサルタント
・人事コンサルタント
・ITコンサルタント
・環境コンサルタント
・PMIコンサルタント

・案件に係る情報収集

  FA の持つ業界知見等を活用した情報収集

・スケジュール設定・調整

  全体スケジュールを作成、入札の場合は入札プロセスのコーディネーション

・交渉支援

  FA が交渉の前面に出る場合と黒子として助言を行う場合とがある

・ドキュメンテーション支援

  基本合意書（LOI）を FA がドラフトすることもある

・資金調達に関する助言

  買収資金のファイナンスに関する助言

・その他付随業務

  社内資料作成、プレスリリース支援など

（注）常にすべてのスコープをカバーするわけではありませんので、起用する
   FA や検討案件によって異なることに留意してください。

 ## 6 M&A 成立までの具体的なアクション

（1） アプローチ

　相手先（売り手企業）にアプローチをするにあたっては、その企業との関係性を考慮しつつ、その主体、アプローチ先、方法について検討しなければなりません。

　初期アプローチの時にすでに想定する価格が決まっていたとしても、その後の交渉プロセスも考慮して、初期段階ではなるべく明かさないようにすることも肝要です。

　相手先との関係や置かれている状況を勘案し、「アプローチする主体は、

自社 or アドバイザー」、「アプローチ先は、株主 or 経営陣」、「アプローチ方法は、対面 or レター」などを入念に検討します。

　経営者同士ですでにつながりがある場合には、自社が望ましいケースが多いものの、「相手先との関係が薄い」、「まずは社名非開示で先方にアプローチをしたい」などの事情がある場合には、アドバイザーを主体に進めたほうがよいことも多いといえます。

　ここでの主な留意点は、前述のとおり、初期のアプローチ時には、買収価格の目線がある程度決まっていたとしても容易には明かさないようにすることです。この段階で価格を出してしまうと、その後の交渉でも長らくその価格が目安として尾を引いてしまうことが多いため、特に注意をしなければなりません。ほかには、従業員の雇用継続や販売サービス、製品の維持などの買収条件にも、初期段階では言及しないように留意する必要があります。

（2）　NDA 締結と初期検討

　アプローチの結果、先方が興味を持った場合には、速やかに秘密保持契約（NDA）を締結して、初期的な検討を実施します。

　NDA を締結したら、初期検討に必要な資料を先方から受領します。初期検討は、ビジネス、法務・知財、財務・経理などの観点から実施します。検討の内容は、発足させたプロジェクトチームにおいて作成した事業計画へと反映させ、その事業計画をもとにバリュエーション（企業価値評価）を実施します。バリュエーションの金額については、意向表明書に記載し、先方への最初の金額提案を行うことになります。

（3）　NDA 締結の手順

秘密保持契約（NDA）の締結は、おおむね以下の手順で行います。

・秘密保持契約書ドラフトを作成

・売り手側の契約書形式の秘密保持契約書のひな形を受領

・修正・追加・削除等の要求がある場合には、双方協議のうえで内容を修正

主な論点としては、以下が考えられます。

・秘密情報の定義

・秘密情報を利用できる者の範囲

・有効期間

・秘密保持契約の締結

最終的に合意に至った秘密保持契約書は、双方で1部ずつ保管します。

（4）　意向表明書の提出

初期検討の内容を踏まえ、買収の正式な提案である意向表明書を作成し、売り手側に提出します。

意向表明書は基本的には法的拘束力を持たないものではあるものの、価格等はその後の交渉に大きな影響を与えることになるため、慎重に検討や記載を行います。

買収提示額が高ければ必ず買収できるというわけではないため、相手側にとってメリットのある提案にまとめる必要があります。

なお、意向表明書提出の概要は以下となります。

・意向表明書を作成し、買収したい対象会社の株主もしくは経営陣に対して提案を実施

・買収提示額が高ければ必ず買収できるとは限らないため、相手にとってメリットのある効果的な打診をすることが必要

・意向表明書には、一般的には以下の内容が記載される

〈意向表明書の一般的な記載項目〉

■　買収の目的・背景

- ✓ 買主として考える、買収の目的や事業戦略等の背景を説明
- ■ 想定ストラクチャー
  - ✓ 想定する取引スキームを記載（株式譲渡、事業譲渡など）
- ■ 譲受希望価格および算定の前提条件
  - ✓ 株式譲渡であれば対象会社株式を示し、買収対象の買収希望価格を記載
  - ✓ 買収価格算定にあたっての評価手法、主要な前提条件の記載
  - ✓ 買い主が想定する買収後の対象会社の事業運営方針・事業戦略について可能な範囲で記載
- ■ 独占交渉権（Exclusivity）
  - ✓ 独占交渉権が認められるかは、売り主と買い主の交渉力次第
- ■ その他
  - ✓ 想定スケジュール、機関決定に関する条項、競争法・許認可に関する条項、デューデリジェンスに関する条項など

（5） 基本合意書の締結

意向表明の内容を受け、先方と合意に至れば基本合意書を締結します。

基本合意書の項目には、法的拘束力を持つものとそうでないものがあります。一般的には価格やデューデリジェンス（DD）への実施協力などの内容が盛り込まれることになります。

意向表明書の内容に相手先から理解が得られたならば、買収に向けた協議を行うために、「基本合意書」を締結します。

基本合意書には、取引の概要や買収スケジュールについて記載するほか、独占交渉権やDDへの協力義務について記載します。

買収価格についても、ここでも基本的には記載する必要があります。意向表明後に相手方から資料開示があった場合は、その資料の内容も踏まえて買収価格の提示を行うことになります。

なお、基本合意書締結の概要は以下となります。

・意向表明後にさらに資料開示があった場合は、その内容をアップデートし、先方と合意できれば株主もしくは経営陣と買収に向けた基本合意書を締結

・基本合意書には一般的には以下の内容を盛り込む
　ただし、項目によって法的拘束力を持つものと持たないものがある

〈基本合意書の一般的な記載項目〉

■　取引概要・買収スケジュール
　✓　譲渡対象や買収スキームを記載することが多い
　✓　基本的に法的拘束力を持たない

■　独占交渉権
　✓　買収交渉に関して、競合他社が存在する場合はできるだけ早く独占交渉権を確保する
　✓　独占交渉権に違反した場合は、一定の違約金を支払う条項を設けることもある

■　DD 実施協力
　✓　速やかに DD を実施するために、具体的な DD の調査範囲とスケジュールを記載することもある

■　買収価格
　✓　スタンドアローンをベースに、必要に応じて確度の高いシナジーを考慮した買収価格を上限とする

■　重要な買収条件
　✓　従業員に対する買収後の処遇等

■　守秘義務

■　有効期限
　✓　交渉が長期になる場合は有効期限延長の覚書を締結する

（6） デューデリジェンス

　ビジネス、財務、税務などの観点で詳細な検討を実施します。デューデリジェンスで発見した内容は、事業計画作成やバリュエーションを通じて価格に反映させることになります。

　同様に、契約書への反映、PMI[(注)]での対応、もしくはストラクチャーの選択に反映させる方法があります。発見事項の内容次第によっては、ディールの中断も検討しなければなりません。

　デューデリジェンスは一般的には2〜3か月程度で実施し、その後、株式譲渡契約締結に至るケースが多いといえます。

図表53　デューデリジェンス（DD）のスケジュール例

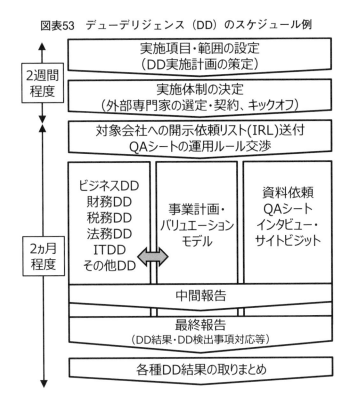

（注）PMIとは、Post-merger integration のことで、当初計画した M&A 後の統合効果を最大化するための統合プロセスのことを指します。このプロセスは、経営統合、業務統合、意識統合の3段階からなります。

付 録

· ·

経営分析指標一覧

○収益性指標

指標	計算式	内容
売上総利益率	$\dfrac{売上総利益}{売上高} \times 100$	販売単位と単位当たりの売上原価の関係で決まる最も基本的な利益率。
売上高営業利益率	$\dfrac{営業利益}{売上高} \times 100$	企業本来の営業活動による収益力を判断するための指標。
売上高経常利益率	$\dfrac{経常利益}{売上高} \times 100$	営業外活動（財務活動）も含めた経常的な収益力を判断するための指標。
当期利益率	$\dfrac{当期純利益}{売上高} \times 100$	可処分利益を生む力を判断する指標。最終的な株主への配当財源の獲得効率を表す。
総資本当期利益率	$\dfrac{当期利益}{総資本} \times 100$	過去と比較して平均的な収益力を見るための指標。
総資本事業利益率（ROA）	$\dfrac{営業利益＋受取利息配当金}{総資本} \times 100$	収益性を示す総合指標であり、運用資金全体に対する利益獲得効率を表す。ROA は、Rate of Return on Asset の略。
自己資本利益率（ROE）	$\dfrac{当期利益}{自己資本} \times 100$	株主からの拠出資本に対する利益獲得効率を表す指標。ROE は、Rate of Return on Equity の略。
総資本回転率	$\dfrac{売上高}{総資本} \times 100$	事業活動に投下された総資本の運用効率を測る指標。数値が高いほど効率が高いことを表し、0.5 を下回ると倒産の危険性が高いと判断される。
固定資産回転率	$\dfrac{売上高}{固定資産}$	売上に対する固定資産の貢献度を測るもので、資産を効率よく活用しているかを表す指標。
売上債権回転率	$\dfrac{売上高}{受取手形＋売掛金}$	売上債権の回収効率を表す指標で、5 ～ 6 回が安全圏といわれる。
棚卸資産回転率	$\dfrac{売上高}{棚卸資産}$	売上に対する棚卸資産の貢献度を測るもので、流通業であれば20回以上、製造業であれば12回以上が望ましい。
仕入債務回転率	$\dfrac{仕入}{支払手形＋買掛金}$	通常の営業活動から生じた債務の支払いがどの程度滞っているかをみる指標。
売上債権回転期間	$\dfrac{受取手形＋売掛金}{売上高} \times 365$	売上債権の回収期間を表すもので、60～70日が安全圏とされる。大きいほど回収効率が悪い。

棚卸資産 回転率	$\dfrac{棚卸資産}{売上高} \times 365$	適正在庫期間を超えて在庫を持つと数値が高くなるもので、短いほど商品が活発に動いていることを示す。
売上債権仕入債務比率	$\dfrac{売上債権}{仕入債務} \times 100$	売上債権と仕入債務の比率をみるもので、100%以上が望ましい。
営業キャッシュフロー対売上比率	$\dfrac{営業キャッシュフロー}{売上高}$	本業でのキャッシュの獲得効率をみるもので、会計方針の影響を受けないため客観性が高い指標。
1株当たりの営業キャッシュフロー	$\dfrac{営業キャッシュフロー}{発行済み株式数}$	株主の出資単位当たりのキャッシュ創出力を示す。

○採算性分析

指標	計算式	内容
損益分岐点	$\dfrac{固定費}{1 - \dfrac{変動費}{売上高}}$	採算がとれる売上高を示す指標で、損益分岐点売上高では損益がゼロとなる。
限界利益率	$\dfrac{限界利益^{(※1)}}{売上高} \times 100$	売上高に対する限界利益の割合。限界利益率で固定費を割ると損益分岐点売上高となる。
損益分岐点比率	$\dfrac{損益分岐点}{売上高} \times 100$	売上高の変動が利益にどれだけの影響を与えるかを示す。
安全余裕度	$\dfrac{売上高 - 損益分岐点}{売上高} \times 100$	現在の売上の採算性。

※1 限界利益＝売上高－変動費（売上原価の変動費＋販管費の変動費）

○安全性分析

指標	計算式	内容
正味運転資本	流動資産 − 流動負債	短期的な支払余裕をみる指標で、マイナスは危険。
当座比率	$\dfrac{当座資産}{流動負債} \times 100$	換金性の高い当座資産によって、さらに短期の支払能力をみる。
流動比率	$\dfrac{流動資産}{流動負債} \times 100$	短期（1年）の支払能力をみる指標。100%以下は危険。
負債比率	$\dfrac{負債}{自己資本} \times 100$	他人資本に自己資本の何倍依存しているかをみる指標。
自己資本比率	$\dfrac{自己資本}{総資本} \times 100$	調達した資金総額に対する返済不能な資金の割合。
固定比率	$\dfrac{固定資産}{自己資本} \times 100$	回収が長期にわたる固定資産への投資を返済不要な自己資本でまかなえているかをみる指標であり、100%が理想。
固定長期適合率	$\dfrac{固定資産}{自己資本 + 固定負債} \times 100$	自己資本と、返済が長期な固定負債による固定資産への投下割合。
流動負債対営業キャッシュフロー比率	$\dfrac{営業活動によるCF}{流動負債} \times 100$	キャッシュベースでの短期における支払い能力をみる。比率が高いほど資金繰りに余裕がある。

○生産性分析

指標	計算式	内容
付加価値額	加算法$^{(※2)}$と控除法$^{(※3)}$がある。	経営資源の投入に対してどれだけの付加価値が生み出されたのかをみる指標。
売上高付加価値率	$\dfrac{\text{付加価値額}}{\text{売上高}} \times 100$	付加価値創造の効率性をみる指標。
労働分配率	$\dfrac{\text{人件費}}{\text{付加価値額}} \times 100$	付加価値額に労務・人件費が占める割合。売上高付加価値率の動きと一緒にみるべきもの。
労働生産性	$\dfrac{\text{付加価値額}}{\text{従業員数}} \times 100$	従業員1人当たりが生み出す付加価値額。人的効率を表す。給与ベースアップ以上の伸び率が必要。
労働装備率	$\dfrac{\text{有形固定資産} - \text{建設仮勘定}}{\text{従業員数}} \times 100$	従業員1人当たりにどれだけの設備が与えられているかの機械化の度合いをみる指標。ただし、リース設備がある場合は注意が必要。
資本生産性（設備投資効率）	$\dfrac{\text{付加価値額}}{\text{有形固定資産}} \times 100$	設備がどれだけ付加価値を生み出しているかをみる指標で、60%くらいが目安となる。
営業キャッシュフロー設備投資比率	$\dfrac{\text{営業キャッシュフロー}}{\text{設備投資額}} \times 100$	設備投資資金に占める営業CFの割合を表す。新規投資は営業CFでまかなうのが理想である。

※2　加算法＝経常利益＋ヒト・モノ・カネに対する分配（人件費＋金融費用＋賃借料＋減価償却費＋租税公課等）

※3　控除法＝売上高－外部購入価額（商品仕入高＋原材料費＋外注加工費＋運賃等）

○生産性分析

指標	計算式	内容
売上高増加率	$\dfrac{\text{当期売上高}-\text{前期売上高}}{\text{前期売上高}} \times 100$	前期の売上に対する当期の売上の伸び率。大きいほど良い。少なくとも3〜5期分は傾向をみる。
経常利益増加率	$\dfrac{\text{当期経常利益}-\text{前期経常利益}}{\text{前期経常利益}} \times 100$	前期の経常利益に対する当期の経常利益の伸び率。売上高増加率とともにプラスであれば、健全な成長といえる。
総資本増加率	$\dfrac{\text{当期総資本}-\text{前期総資本}}{\text{前期総資本}} \times 100$	値の増加は企業の成長を示すが、具体的に何が増加したのかにも目を配る必要がある。また総資本当期利益率と市場利益とのバランスにも注意を要する。

■著者

坂本　松昭（さかもと　まつあき）

情報経営イノベーション専門職大学 客員教授

専門は、経営管理、データサイエンス、マーケティング。大企業および中小企業向けのコンサルティングを数多く実施し、これまでに200以上の企業の業績を大幅に向上させてきた。早くより企業経営のあらゆる側面にデータサイエンスを取り入れ、定量的な分析に基づく企業改革をけん引。特に、業務改革、組織改革、マーケティング改革には定評がある。近年は、マーケティング活動の中にOODAループの思考法を取り入れることで、マーケティングの枠を超えた企業育成にも取り組んでいる。

主な著書：『誰がやってもうまくいく！最強の組織づくり』（同友館）、『今すぐできて成果が上がる 最強の職場改善』（きずな出版）、『誰がやってもうまくいく！最強のマーケティングOODA』（同友館）『基礎から学ぶデータサイエンス講座』（同友館）。

2022年10月15日　第1刷発行

経営マネジメントのための基礎講座

著　者　坂　本　松　昭
発行者　脇　坂　康　弘

発行所　株式会社　同友館

東京都文京区本郷 3-38-1
郵便番号　113-0033
電話　03(3813)3966
FAX　03(3818)2774
https : //www.doyukan.co.jp/

落丁・乱丁本はお取替え致します。
ISBN 978-4-496-05615-4

藤原印刷／東京美術紙工
Printed in Japan

本書の内容を無断で複写・複製（コピー），引用することは，特定の場合を除き，著作者・出版者の権利侵害となります。また，代行業者等の第三者に依頼してスキャンやデジタル化することは，いかなる場合も認められておりません。